Guia Prático da Língua
YORÙBÁ

Em Quatro Idiomas:
Português, Espanhol, Inglês e Yorùbá

Fernandez Portugal Filho

Guia Prático da Língua
YORÙBÁ

Em quatro idiomas: Português,
Espanhol, Inglês e Yorùbá

3ª Edição
Revista, Ampliada e
Reestruturada

MADRAS

© 2019, Madras Editora Ltda.

Editor:
Wagner Veneziani Costa

Produção e Capa:
Equipe Técnica Madras

Revisão:
Silvia Massimini Felix
Maria Cristina Scomparini
Neuza Rosa

Dados Internacionais de Catalogação na Publicação (CIP)
(Câmara Brasileira do Livro, SP, Brasil)

Portugal Filho, Fernandez
Guia prático da língua Yorùbá/Fernandez Portugal Filho. – São Paulo: Madras, 2019.
Edição poliglota: português/espanhol/inglês/yorubá
Bibliografia

ISBN 978-85-370-0875-1

1. Língua Iorubá – Estudo e ensino I. Título.

13-07173   CDD-496.33382407

Índices para catálogo sistemático:
1. Língua Iorubá : Estudo e ensino 496.33382407

É proibida a reprodução total ou parcial desta obra, de qualquer forma ou por qualquer meio eletrônico, mecânico, inclusive por meio de processos xerográficos, incluindo ainda o uso da internet, sem a permissão expressa da Madras Editora, na pessoa de seu editor (Lei nº 9.610, de 19/2/1998).

Todos os direitos desta edição reservados pela

MADRAS EDITORA LTDA.
Rua Paulo Gonçalves, 88 – Santana
CEP: 02403-020 – São Paulo/SP
Caixa Postal: 12183 – CEP: 02013-970
Tel.: (11) 2281-5555 – Fax: (11) 2959-3090
www.madras.com.br

Índice

O Autor e sua Obra 7
Prefácio à Edição Brasileira 9
Prólogo 13
Licença, Meus Respeitos 16
Apresentação 19
Presentación 21
Presentation 23
A Língua Yorùbá 25
La Lengua Yorùbá 28
The Yorùbá Language 32

Lição 1 35
Lição 2 40
Lição 3 49
Lição 4 56
Lição 5 63
Lição 6 69
Lição 7 77
Lição 8 81
Lição 9 89
Lição 10 93
Lição 11 98
Lição 12 106
Lição 13 121
Lição 14 125
Lição 15 130
Lição 16 135
Lição 17 140
Lição 18 144
Lição 19 154

Lição 20 161
Lição 21 166
Lição 22 169
Lição 23 172
Lição 24 174
Lição 25 176
Lição 26 179

Endereços Onde Você Poderá Obter Informações sobre
a Língua e Cultura Yorùbá.. 181
Bibliografia... 195

O Autor e sua Obra

Quando solicitei ao autor deste livro, o antropólogo e jornalista Fernandez Portugal Filho, que ele mesmo redigisse o que gostaria que se publicasse a seu respeito com o título acima, "O Autor e Sua Obra", ele declinou com gentileza, observando que não se sentia bem em fazê-lo, deixando este encargo por nossa conta, o editor. De certa forma, com a magnífica convivência que temos, aceitamos o encargo que já era por mim esperado.

Embora agudo, irônico e por vezes sarcástico em suas múltiplas e oportunas observações, é sempre muito econômico e discreto, quando o assunto é vida privada, ainda bem. Pouco ou quase nada fala sobre isso, apreciador de bons vinhos tinto e curtidor de bons "puros". Sabe como ninguém ter em mãos, com elegância, um bom charuto.

O que não se consegue extrair dele, em seu aspecto pessoal, o temos em grande dose de profissionalismo, quer como professor na UERJ (Proeper) ou como primeiro e único brasileiro professor titular de Antropologia das Religiões Afrodescendentes e Tradicional Religião Yorùbá, desde 1996, na Universidade de Havana-Cuba.

Em ambas instituições tem formado centenas de alunos nessa temática, pioneiro no Rio de Janeiro desde 1977, com a lendária Yorubana, onde ministra cerca de 19 cursos.

Publicou cerca de 20 livros e 15 apostilas, e mais de uma centena de artigos em jornais e revistas. Prestou consultoria para Tv Globo e para a extinta Tv Manchete, além de várias produções cinematográficas no Brasil e no Exterior.

Antropólogo brilhante, jornalista esmerado, tem-nos proporcionado diversos textos, pouco conhecidos no Brasil pelos praticantes dos Cultos Afro-Brasileiros. Para isso, viaja com frequência ao continente africano para pesquisar *in loco* as religiões e práticas, advindas sobretudo da Nigéria.

Nós o temos, sem dúvida, que tudo isso o credencia como uma das mais expressivas, contemporâneas, atualizadas e notáveis autoridades afro-brasileiras.

É também sacerdote do Culto aos Òrìṣà e de Ifá na Tradicional Religião Yorùbá, dirigente do Ẹgbẹ Awo, no Rio de Janeiro.

Felizmente, tenho o privilégio de usufruir de sua carismática personalidade, sua inteligência notável, sua perspicácia, seu rigor acadêmico e seu incrível raciocínio, além de sua rápida capacidade analítica, e quase ia me esquecendo, sua excelente memória.

Se alguém me contasse que existiria uma pessoa assim eu não acreditaria, mas quando o conheci pude ter certeza disso, após inúmeros encontros, sempre com muita boa conversa e capaz de falar horas e horas contando diversos "causos" divertidos. Fala com erudição e ótimo português sobre os mais diversos assuntos.

Tudo o que sei sobre a Revolução Cubana, com ele aprendi; com fala pausada é agradável ouvi-lo, só não gosta de ser interrompido, mas não monopoliza o assunto.

Por isso, para isso e com isso é admirado e querido pelos poucos que o conhecem, e que sempre o chamam de "mestre" ou professor.

Sem dúvida é assim que o Brasil o reconhece quando o assunto é Cultura Afro-Brasileira e Tradicional Religião Yorùbá. Mas não somente isso, dá-nos prova de sua imensa generosidade, abrindo seus arquivos através deste *Guia Prático da Língua Yorùbá*, que traz ensinamentos múltiplos, completos e, sobretudo, eficazes.

Para nós, da Madras Editora, é uma honra tê-lo como amigo e poder contar com suas publicações.

O Editor

Prefácio à Edição Brasileira

Fernandez Portugal Filho é desde muito um nome consagrado na literatura sobre a religiosidade afro-brasileira. Seus livros, seus cursos, abertos ao grande público ávido por se iniciar nos mistérios da teologia de raízes africanas, e principalmente seu Centro de Estudos e Pesquisas de cultura Yorùbá – um espaço de pesquisa e reflexão sem igual no plano das instituições orgânicas da religião dos Òrìṣà no Brasil – já fazem parte do horizonte da mais alta hierarquia do candomblé no Brasil.

Fernandez Portugal Filho não é apenas um estudioso, um antropólogo da religiosidade afro-brasileira – como, aliás, já temos tantos no campo acadêmico –, é também um sacerdote, uma autoridade do divino, conhecedor profundo dos grandes mistérios, alguns distantes mesmo para a massa dos seguidores da fé dos Òrìṣà. Essa rara combinação do pesquisador refinado, meticuloso no rigor acadêmico, com o sacerdote, guardião da sabedoria milenar, faz do professor Fernandez Portugal Filho uma autoridade singular para o grande público da segunda maior nação negra do planeta.

Agora ele nos brinda com outra raridade no campo da bibliografia afro-brasileira: *Guia Prático da Língua Yorùbá* em quatro idiomas: espanhol, inglês, português e Yorùbá. Esta obra completa o novo horizonte que se levanta para os interessados nas raízes culturais africanas no Brasil: o plano internacional, ou melhor, aquilo que Roger Bastide denominou "Américas Negras".

Durante muitos anos pareceu aos estudiosos brasileiros que a problemática da herança em terras brasileiras era uma questão que respondia apenas às relações entre Brasil e África, ou, mais particularmente, à Bahia e à Nigéria. Esquecia-se de que o culto dos Òrìṣà seguiu toda a diáspora africana nas Américas, dos contrafortes dos Andes até as planícies do sul dos Estados Unidos, das praias do Caribe ao coração da floresta brasileira.

Com diversos nomes, de formas regionais diferentes, o culto dos Òrìṣà era na essência o mesmo, e os estudiosos de vanguarda das ciências humanas estão descobrindo que essas variantes da religião Yorùbá, durante o tempo do cativeiro, na realidade se tocavam, nos contatos oceânicos, nas andanças dos nagôs libertos, na circulação das ideias de resistência à escravidão, nas trocas sociais entre yorubanos exilados pela diáspora nas diversas partes do continente. Tudo isso foi ainda mais reforçado no século XX, quando os avanços tecnológicos facilitaram os contatos entre os diferentes países.

O novo livro de Fernandez Portugal Filho toca nessa nova dimensão. Por intermédio deste guia prático, falantes de línguas ibéricas e anglo-saxônicas vão poder compartilhar os significados comuns das prédicas e da sabedoria milenar da terra dos yorùbás, antes compartimentados em obras separadas, como se esse universo pudesse ser entendido separadamente.

Um estudioso norte-americano das dimensões internacionais da resistência à escravidão negra na América cunhou a expressão "vento comum" para denominar aquela vontade de luta contra o jugo branco que caracterizou o embate dos africanos, durante o século XIX, em todo o hemisfério ocidental. Esse "vento comum" com certeza fez do culto dos Òrìṣà uma das formas mais efetivas de luta contra a dominação cultural nas Américas espanhola, inglesa e portuguesa.

O novo livro do Bàbálórìṣà Fernandez Portugal Filho toca nesse "vento" que chegou a esta terra no bojo dos navios negreiros. Ainda carecemos de uma grande organização internacional na religião yorùbá nas Américas, em que tivessem assento os grandes sacerdotes de Cuba, do Brasil, dos Estados Unidos e outros países, para troca de experiências e afirmação de posições comuns.

Fernandez Portugal Filho não chegou a esta obra caprichosamente. Desde muitos anos ele vem retomando a rota da diáspora negra, estando várias vezes na Nigéria, onde bebe nas fontes primeiras dos segredos do culto e debate com as mais altas autoridades da hierarquia religiosa em Òrìṣà e Ifá. Além disso é uma autoridade respeitada em Cuba – onde a tradição religiosa yorùbá adquiriu o nome de Santería –, lecionando nos mais importantes centros de referência desse país, ministrando palestras concorridas, e professor da Universidade de Havana.

Essa triangulação atlântica – Rio de Janeiro, Havana e Lagos – foi fundamental para o professor Fernandez Portugal Filho perceber a necessidade de um guia prático comum que pudesse orientar em conjunto seguidores da fé dos quatro cantos do continente. Essa iniciativa inédita nos anais da literatura afro-brasileira coloca o país na vanguarda do entendimento global do espírito yorùbá.

O livro é escrito na tradição nigeriana, com pequenas frases da sabedoria yorùbá, que não podem ser entendidas isoladamente, e que guardam uma visão de mundo que muitas vezes permanece invisível para os olhares ocidentais.

Em razão de séculos de perseguição e ignorância, a grafia correta yorùbá permaneceu confusa durante muito tempo, dando margem para interpretações variadas, muitas vezes conflitantes. Esse problema absolutamente não foi restrito ao Brasil, e se repetiu em todos os países que receberam escravos da nação yorùbá.

Este livro tem o poder de sanar várias dúvidas, pois percorre meticulosamente a gramática original, e esclarece o intrincado tecido linguístico que foi bordado por nossos ancestrais. Seu glossário abre um leque imenso de opções, e a quantidade de palavras do vocabulário moderno prova que não é um livro voltado para o passado.

Fernandez Portugal Filho comprova mais uma vez que está ligado aos debates mais avançados da vanguarda da pesquisa afro--americana, e apresenta mais uma evidência de que a tão decantada globalização destes tempos pós-modernos na realidade foi inventada pelos africanos séculos atrás, quando tiveram de reordenar seus valores e visões de mundo diante da Nova Ordem Mundial do capitalismo internacional escravista.

Professor Doutor
CARLOS EUGÊNIO LÍBANO SOARES
Professor titular de História Universidade Federal Rural do
Rio de Janeiro

Prólogo

Este libro tiene su orígen en el estúdio y la práctica de la religión yorùbá en tierra americana. No constiuye um ejercicio académico, sino um esfuerzo loable por poner en manos del lector de habla portuguesa, española e inglesa una de las llaves maestras de la cultura yorùbá: su lengua, cuyo uso ritual ha resistido la travesía atlántica, el régimen infrahumano de los barracones y plantaciones, la subordinación cultural y el paso de los siglos.

Basta al profano presenciar un rito u hojear un libro o folleto de Candomblé o Santería para sentir sobre su entendimiento toto el peso de la barrera idiomática. El hombre obligado por las circunstancias a cambiar de lengua – y no sólo de lengua, sino también de geografía, de economía, de relaciones de poder –, se aferra como a una tabla de salvación a su cosmovisión y a su cultura, y, aunque imposibilitado de cerrar las puertas de su espíritu al paso avasallador de la cosmovisión y la cultura dominantes, reafirma su origen y su linaje espiritual de múltiples formas. Una de ellas, vigorosa como pocas, es la de la lealtad y la resistencia lingüística. Allí donde se hace valer la lengua del dominado, no tiene acceso el dominador, o su acceso será siempre parcial, limitado, finito. La comunicación deviene esotérica y la comunidad – no sólo comunidad de origen, sino también, y en no menor medida, de situación social – se fortalece, adquiere fibra de resistencia. La lengua esotérica contribuye de manera significativa a conservar la memoria sagrada, a procurar la permanencia de los valores que se intenta aplastar, a garantizar la asistencia de los dioses y a burlar todo género de inquisiciones.

Probablemente no existe hogar más cálido y fortaleza más protegida para la lengua esotérica que los que ofrece la religión. El hombre precisado de comunicarse en todos los ámbitos de su vida en la lengua del dominador, encuentra en el espacio de lo sagrado y, con fuerza inigualable, de lo sagrado sobrenatural, un abrigo para sus nombres y sus verbos, y para la comunicación de su yo más íntimo. Y aunque el abrigo religioso no garantice la pureza de los tonos y sonidos, no logre evitar la pérdida de múltiples voces e, incluso, resulte incapaz de conservar la integridad gramatical, la lengua encuentra en él la posibilidad de mantenerse viva, de cumplir diversas funciones sociales y culturales, de jugarle una mala pasada a lo imposible.

Tal ha sido el destino de la lengua yorùbá en tierra americana. El culto religioso ha atesorado cantos, rezos, conjuros, proverbios, expresiones múltiples, sin los cuales, hasta el momento, parecen no poder articularse los ritos, los mitos y las relaciones sociales que lo configuran.

En Cuba, por ejemplo, la persistencia de este lenguaje de origen yorùbá en el culto ha encontrado uma denominación precisa: "lengua lucumí", voz criolla que de alguna manera expresa un profundo proceso de transculturación lingüística, en cuyo decursar los idiomas yorùbá y español se han amalgamado de forma indisolube. Algo análogo ha ocurrido en Brasil en relación con el idioma portugués. Y no es poco frecuente que no sólo profanos e investigadores, sino también los propios religiosos resulten capaces de recitar largos pasajes de essa lengua híbrida sin comprender su sentido real, o al menos sin comprenderlo plenamente. Essa comprensión contrae, entre otras obligaciones, la de conocer la lengua yorùbá en su forma original.

Com su *Guía Práctica de la Lengua Yorùbá* en cuatro idiomas, el profesor Fernandez Portugal Filho nos acerca a essa comprensión. De forma didáctica y amena, el autor nos ayuda a descorrer el velo de misterio que cubre la lengua de los orichas y, en este sentido, nos invita a desentrañar – a cuenta y riesgo nuestro – la apasionante madeja de su transculturación en tierra americana. Para ello, se sirve de su vasta experiencia como antropólogo, sociólogo, comunicador social y profesor de lengua yorùbá, y se apoya en sus acuciosas investigaciones en el campo religioso y lingüístico, recogidas em ocho libros y otros tantos folletos.

Poner al alcance del llamado amplio público los resultados de largos años de indagación es tarea harto engorrosa e implica el riesgo de romper el difícil equilibrio existente entre el rigor y la sencillez. A nuestro juicio, Fernandez Portugal Filho ha logrado salir airoso de esse desafío, y se ha puesto a nuestro alcance como un guía, como un amigo discreto que va adelante mostrando el camino.

Professora Doutora
ROSA MARIA DE LAHAYE GUERRA
Coordenadora do grupo de Estudos de Antropologia Sociocultural da Faculdade de História e Filosofia da Universidad de La Habana

Odúdúwa
Fundador Mítico do Povo Real de Ile Ife
Nigéria – 1994

Licença, Meus Respeitos
Mis Respetos
My Respcts
Àgo Mo Júbà

ÀGO MO JÚBÀ	IRÙNMALẸ̀
ÀGO MO JÚBÀ	ẸBỌRA
ÀGO MO JÚBÀ	ÌGBÀMÁLẸ̀
ÀGO MO JÚBÀ	ÒRUN
ÀGO MO JÚBÀ	AIYÉ
ÀGO MO JÚBÀ	ILẸ̀
ÀGO MO JÚBÀ	ÈWÉ
ÀGO MO JÚBÀ	OMI
ÀGO MO JÚBÀ	BÀBÁLÁWO MI
ÀGO MO JÚBÀ	BÀBÁLÓRÌṢÀ MI
ÀGO MO JÚBÀ	ÌYÁLÓRÌṢÀ MI
ÀGO MO JÚBÀ	ẸLẸ́DÁ MI
ÀGO MO JÚBÀ	ÒRÌṢÀ MI

Eu estou agradecido aos Orixás
Estoy agradecido a los Òrìṣà
I am grateful the Òrìṣà
MODÚPẸ́ LỌ́WỌ́ ÀWỌN ÒRÌṢÀ

MODÚPẸ́ LỌ́WỌ́ ÀWỌN ÒRÌṢÀ

Riqueza que abre o retorno
Riqueza que abre el retorno
Wealth which opens the return
AGANJÚ OLÁ ṢÌ BỌ̀
Mãe que conhece pelo olhar

                              Madre que conoce por la mirada
                              Mother who knows by the sight
MODÚPẸ́ LỌ́WỌ́ ÀWỌN ÒRÌṢÀ YEMỌJA IEMÒWO ou YEMÒÓ
                              A que adquire a luta
                              La que ganó la lucha
                              One who wins the fight
MODÚPẸ́ LỌ́WỌ́ ÀWỌN ÒRÌṢÀ ỌṢUN AJAGURA
                              Da placenta
                              De la placenta
                              From placenta
MODÚPẸ́ LỌ́WỌ́ ÀWỌN ÒRÌṢÀ ỌṢUN BIKINBIKIN

Eu estou agradecido aos poderosos Exu
Estoy agradecido a los poderosos Èṣù
I am grateful the powerful Èṣù
MODÚPẸ́ LỌ́WỌ́ ÈṢÙ ALÁGBÁRA
                              Exu do poder novo
                              Èṣù del poder nuevo
                              Èṣù of the new power
MODÚPẸ́ LỌ́WỌ́ ÈṢÙ ALÁGBÁRA ÈṢÙ ÀGBÁRA TITUN
                              Em torno do coração embalado
                              En torno del corazón enternecido
                              Around the tender hearted
MODÚPẸ́ LỌ́WỌ́ ÈṢÙ ALÁGBÁRA ÈṢÙ LÁRÍỌ́KÀNBÀ

Eu cumprimento a bondade dos Egúngún
Yo saludo a la bondad de los Egúngún
By the knowledge of the goodness of the Egúngún
MO KÍ ÒÓRE ÀWỌN EGÚNGÚN
                              Dendezeiro que cobre o mundo
                              Palma que cubre el mundo
                              Palm tree which covers the world
MO KÍ ÒÓRE À WỌN EGÚNGÚN BÀBÁ IKINBÙLÁIYE
                              Que faz suplicando
                              Que hace suplicando
                              Some one who acts begging
MO KÍ ÒÓRE À WỌN EGÚNGÚN BÀBÁ ṢEMBẸ̀
                              Corpo que se cobre de fogo
                              Cuerpo que se cubre de fuego
                              Body which covers itself with fire

MO KÍ ÒÓRE ÀWỌN EGÚNGÚN BÀBÁ ÀRÁBUÌNÀ
                                      Riqueza que faz cobrir a existência
                                      Riqueza que hace cubrir la existencia
                                      Wealth which covers the lifetime
MO KÍ ÒÓRE ÀWỌN EGÚNGÚN BÀBÁ ỌLÀSEBỒWÀ

Obs.: *Bò* – cobrir
DÚPẸ́ = DÀ + ỌPẸ́ – Ser aceitável a gratidão ou agradecer
LÁRÍỌKÀN = LÁÀÀRIN ỌKÀN

Apresentação

Sempre que retorno da Nigéria, muitas perguntas, das mais absurdas, me são feitas. É patente o desconhecimento da língua e religião trazidas ao Brasil durante a vergonhosa época da escravidão, cultura esta que desenvolveu uma intensa gama de conhecimentos para todo o povo brasileiro.

Essa questão parece-me exaustivamente abordada por outros estudiosos da Cultura Negro-Africana. A cultura dominante manipula, deturpa e adultera as tradições e práticas de origem africana no Brasil, gerando dessa forma absurdos equívocos linguísticos, religiosos e culturais.

Baseando-me nessas informações e atendendo às reclamações de meus alunos dos Cursos de Teologia Afro-Negra, de Èṣù a Òṣàlà, etc., do Centro de Estudos e Pesquisas de Cultura Yorubana, achei oportuna a continuidade dos estudos da *língua Yorùbá*, elaborando um trabalho independente de um livro, de minha autoria, intitulado *Vamos falar Yorùbá?* Agora, lanço este trabalho, inédito, em quatro idiomas: português, espanhol, inglês e yorùbá. E por quê? Tudo isso em virtude da dificuldade que tive de comunicação na Nigéria, onde, por causa da colonização inglesa, predomina o idioma inglês, com sensíveis diferenças regionais, tanto neste quanto no próprio yorùbá, facilitando àqueles que conhecem a língua anglo-saxônica, porém desconhecem a língua yorubana, para que possam principiar, relatar ou comparar os estudos entre esses idiomas. É em verdade um trabalho sucinto, porém rico em expressões idiomáticas e vocabulário para os que desejam ("re") conhecer suas origens religiosas na terra dos Òrìṣà.

Este trabalho está dividido em lições para facilitar ao leitor. Insisto no uso de uma gramática da língua yorùbá que é importante na elucidação e continuidade dos estudos desse idioma. Reafirmo a importância de cursos regulares do idioma yorùbá, pois, com algum conhecimento, o aprendizado será acessível.

Embora haja o reconhecimento da importância do yorùbá como idioma ritual, em razão da presença desse povo no Brasil e em Cuba, onde recebeu o nome genérico de lukumi, este trabalho não tem, evidentemente, uma conotação religiosa, servindo a todas as pessoas que desejam conhecer e praticar o yorùbá.

Sugiro ao leitor que leia e releia a mesma expressão diversas vezes, pois o ajudará a memorizá-la com maior rapidez. Incluí neste trabalho uma listagem de instituições voltadas para a Cultura Negro-Africana em cujos currículos constam cursos permanentes da língua e tradição yorubana que, com certeza, proporcionarão ao interessado no tema desenvolver-se e reconhecer essa cultura milenar.

A ampla bibliografia incluída neste livro levará o leitor a aumentar seus conhecimentos principalmente no idioma yorùbá, mas também na tradição e religião do povo yorùbá.

É minha esperança que este trabalho traga os ensinamentos primordiais àqueles que por um motivo ou outro visitem a Nigéria.

Fiquei em dívida com meus amigos, pela sua colaboração, e expresso meu agradecimento à tradutora, Angela Machado, e ao professor da língua yorùbá Silvio Brito (*in memoriam*). Ao mesmo tempo, ao sr. Martin Ọbafẹmi Olutọla; a Taiwo Abimbọla, da Embaixada da Nigéria, o qual se encarregou da revisão de yorùbá; a sra. Joanna Maria Olivera-Personen, da Embaixada do Brasil, que o revisou em português; e a licenciada Elia Vivian Rodriguez Cepero, pelo seu trabalho na revisão do inglês.

A todos, os meus sinceros agradecimentos.

Mo Dúpè.
Iré o.
FERNANDEZ PORTUGAL FILHO
Professor Titular de Religiões
Afro-Brasileiras
e Tradicional Religião Yarùbá na
Universidade de Havana e no Proeper (UERJ)

Presentátion

Siempre que vuelvo de Nigeria, muchas preguntas, las más absurdas, me son hechas. Es indudable el desconocimiento de la lengua y la religión que vino al Brasil durante la vergonzosa época de la esclavitud; cultura ésta que desarrolló una gama de conocimiento para todo el pueblo brasileño.

Esta cuestión me parece demasiado investigada por otros estudiosos de la cultura negro-africana. La cultura dominante manipula, distorsiona y adultera las tradiciones y prácticas de origen africano en Brasil, generando de esta manera equívocos lingüísticos, religiosos y culturales absurdos.

Es sobre estas informaciones y atendiendo a los reclamos realizados por mis alumnos de los cursos de Teología Afro-Negra, de Èṣù a Òṣàlà, etc., del Centro de Estudios y Pesquisas de la Cultura Yorubana, que me pareció oportuno continuar los estudios de la lengua yorùbá, y publicar un libro con el título *Vamos hablar Yorùbá?* Ahora, presento este libro en cuatro idiomas: portugués, español, inglés y yorùbá. Usted podrá preguntarme por qué? Cuando fui a Nigeria tuve grandes dificultades con la comunicación, pues allí debido a la colonizacion inglesa predomina el inglés, con sensibles diferencias regionales, incluso, en cuanto al propio yorùbá. De esta forma podrán consultar la obra aquellos que conocen la lengua anglo-sajónica, pero desconocen la lengua yorubana, y así comenzar a compreender, comparar y estudiar estos dos idiomas. Es en realidad un libro pequeño, pero rico en expresiones idiomáticas y vocabulario para los que desean descubrir o redescubrir sus orígenes religiosos en la tierra de los Òrìṣà.

Este libro está dividido en lecciones para facilitar su comprensión al lector. Insisto en el uso de la gramática de la lengua yorùbá, pues es esencial para explicar y dar continuidad a los estudios de este idioma.

Reafirmo la importancia de cursos regulares del idioma yorùbá, porque con algún conocimiento el aprendizaje será más fácil.

El yorùbá tiene gran importancia por su reconocimiento como idioma empleado en los rituales com consecuencia de la presencia de esta cultura en Brasil y Cuba, donde recibió el nombre genérico de lukumí, pero este libro no tiene una connotación religiosa, y sirve a todos los que deseen conocer y practicar el yorùbá.

Sugiero al lector que lea la misma expresión muchas veces, pues lo ayudará a memorizarla con más rapidez. Al final del libro se incluye una lista de instituciones dedicadas a la cultura negro-africana que en sus curriculums tienen cursos permanentes de la lengua y tradición yorubana, la cual interesará a aquellos que deseen profundizar y aprender acerca de esta cultura milenaria.

La bibliografía utilizada es extensa, por lo que el lector podrá ampliar sus conocimientos, principalmente en el idioma yorùbá, así como en la tradición y religión del pueblo yorubano.

Espero que este libro sirva a todos los que por uno u outro motivo visiten Nigeria.

Quedo en deuda com mis amigos por su colaboración, y expreso mi reconocimiento a la traductora, Angela Machado y al profesor de lengua yorùbá, Silvio Brito (*in memoriam*). Asimismo, al señor Martín Ọbafẹmi Olutọla, a Taiwo Abimbọla, de la Embajada de Nigeria, el cual se encargó de la revisión del yorùbá, a la señora Joanna María Olivera-Personen, de la Embajada de Brasil, quien revisó el portugués y a la licenciada Elia Vivian Rodríguez Cepero, por su labor en la revisión del inglés.

A todos mi más sincero agradecimiento.

Mo Dúpè.
Iré o.
FERNANDEZ PORTUGAL FILHO
Professor titular de Religiões
Afro-Brasileiras e Tradicional Religião Yarùbá
na Universidade de Havana e no Proeper (UERJ)

Presentation

Whenever I return from Nigeria, I am asked a lot of questions, all of them presenting no sense. It is clear the total ausence of knowledge about the language and the religion which came to Brazil during the slavery epoch and which brought a wide culture to the brazilian people.

This point has been exhaustive demonstrated by other scholars of the negro-african culture. The dominant culture manipulates, distort and deforms the traditions and the african practice in Brazil, generating linguistic, religious and cultural mistakes, which are absurd.

Knowing this and trying to compensate the requests of my studentes at the Afro-negro Theology courses, from Èṣù to Òṣàlà, and other courses, at the Yorubean Culture Center of Study and Research, I thought it would be useful to continue the studies of the yorùbá language, and published a book called *Vamos Falar Yorùbá?* (*Let's Talk Yorùbá?*) Now I present this book, comprehending four languages: portuguese, spanish, english and yorùbá. You can ask why I did so. When I went to Nigeria I had great difficulties on communications as, due to the english colonization, the main language is the english, besides the regional differences and yorùbá language differences too. So, the people who know english but doesn't know yorùbá will have a good help to initiate, compare and study these two idioms. It is not na extensive work, but it is rich in idiomatic expressions and vocabulary to all who wish to discover or re-discover your religious origins in the land of the Òrìṣà.

The book is divided in lessons to facilitate the study. I insist on grammar, which is important to elucidate and give continuity to the study of the language. I do confirm the importance of regular courses of yorùbá, since with a regular knowledge, the total language will be accecible.

Yorùbá is important as it is the language employed during the rituals as a consequence of this culture in Brazil and Cuba, where it received the general designation of lukumí, but this book does note have a religious focus and it is useful to all who want to learn yorùbá.

I suggest the reader to read many times the same expression as this will help to memorize it. At the ende of the book there is a list of institutions which are connected with the afro-negro culture, with permanent courses of the language and tradition. The reader who is interested in developping and learning this millenar culture can look for them.

The bibliography is wide, and the reader can enlarge his knowledge, mainly in the yorùbá language, tradition and religion.

I hope my work can help presenting the primordial lights to everyone who travels to Nigeria.

I run into debt with my friends by their cooperation and I would like to express my gratitude to the translator Angela Machado and
Silvio Brito teacher of the yorùbá language. Thus to Mr. Martin Ọbafẹmi Olutọla, and Taiwo Abimbọla both of them from the Nigeria Embassy, the last one was in charge of the revision of the Yorùbá language, to Miss Joanna Maria Olivera-Personen from Brasil Embassy who gladly made the revision of the Portuguese language and finally to Lic. Elia Vivian Rodriguez Cepero by her aid with the English language.

To all of them my greater gratitude.

Mo Dúpè.
Iré o.
FERNANDEZ PORTUGAL FILHO

A Língua Yorùbá

Mitologicamente o povo yorùbá foi expulso de Meca e obrigado a dirigir-se para o ocidente nigeriano, onde até hoje se encontra. Isso se deu em virtude de uma guerra civil entre Odùdúwà e seus seguidores, que eram conservadores e defendiam a volta à idolatria islâmica. Antes de organizar a expedição que vingaria a sua expulsão, Odùdúwà morreu, deixando seu neto, Òrànmíyàn, encarregado de vingá-lo, já que seu filho Òkanbi falecera anteriormente. Porém Òrànmíyàn fracassou em razão da discordância com seus irmãos.

A língua Yorùbá foi primitivamente chamada de "Yariba", pelo inglês Clapperton. Este idioma pertence ao grupo sudânico de línguas. Grande parte de seu vocabulário é formada de palavras mono e polissilábicas analisáveis em seus elementos monossilábicos. O yorùbá, por esta razão, pertence ao mesmo grupo linguístico isolado que o chinês e é, por necessidade, uma língua tonal.

Por ser tonal, a combinação de uma consoante com uma das sete vogais:

A, E, E, I, O, O, U

resultará, em cada um dos três tons, significados diferentes:

Tom baixo: BÙ = tirar de
                BU = estar desgostoso
                BÚ = explodir ou abusar
                        ou
                BÀ = pousar (no sentido de pássaro)
                BA = agachar-se
                BÁ = surpreender com, ou pode ainda ser empregado como verbo auxiliar para substantivo, indicando contingência.

Como vimos nos exemplos, consoante mais vogal pode ter significados diferentes. Porém, mesmo assim existem, aproximadamente, 800 homônimos já registrados.

Monossílabos são, quase sempre, verbos e, na maioria dos outros casos, nomes são compostos sempre de uma consoante e uma vogal – nenhuma palavra yorubana termina por consoante. Palavras monoliterais são principalmente interjeições e pronomes pessoais.

Não existem nomes formados por apenas uma sílaba, e palavras dissílabas formadas de um prefixo vocálico e uma sílaba bilateral constituem nomes saídos diretamente de verbos, mesmo quando as palavras são compostas. No entanto, quando a palavra é constituída de uma vogal e uma sílaba bilateral, o significado desta não se aproxima do que de fato a palavra quer dizer, como no caso de:

O + MÍ = OMÍ = água (a sílaba MÍ não significa "água").

Popularmente a explicação é de que a origem dessas palavras perdeu-se no tempo, porém, no estudo linguístico este argumento é usado para explicar a origem monossilábica do idioma, em vez de limitá-la a algumas palavras.

No idioma yorùbá existem duas classes de substantivos:

a) composta de palavras derivadas de verbos ou estes acompanhados de seus objetos;
b) palavras formadas por invenções *ad hoc* (palavras criadas para expressar o caso, a ocasião, o propósito, etc.)

Em ambas as classes estão incluídas palavras trissílabas. Os substantivos não são os únicos polissílabos na língua yorùbá, palavras de outras classes gramaticais também podem sê-los, principalmente verbos.

O vocabulário yorubano consiste de formas monossilábicas não verbais, verbos mono e dissílabos e substantivos polissílabos – *ad hoc* não derivados de verbos –, verbos e palavras de outras classes.

Lembrete:

Os substantivos *ad hoc* são em número limitado, porém, além de serem usados com seu sentido normal, também formam matrizes para derivados, cuja formação é facilitada pelas características aglutinantes e polissintéticas do idioma.

Anteriormente foi mencionado que dissílabos e polissílabos referem-se geralmente a objetos concretos. Tudo leva a crer que as primeiras palavras inventadas, entre estas os substantivos *ad hoc*, designam várias partes do corpo humano. Isso fica evidente pelo fato de palavras como ORÍ (cabeça), ẸTÍ (orelha), ẸNU (boca), ÈGBÉ (lado), ÌDÍ (nádegas), ẸSÊ (pé), INÚ (estômago), ÈHIN (costas) e OJÚ (olho) terem seus significados estendidos por analogia para designar objetos especiais, como também ajudaram a formar advérbios e, principalmente, preposições.

A lista dessas palavras é relativamente longa, porém seria menor se não fosse a genialidade do povo yorubano em aumentar seus vocabulário, por meio de um duplo processo: estendendo a aplicação de palavras existentes e derivando vocábulos.

No processo de formação vocabular yorubano, é usado o sentido figurado, e este é muito mais extenso do que em muitas línguas; por exemplo, as europeias. A palavra ORÍ, cujo significado primitivo é "cabeça", foi estendida, designando algo que cobre uma parte superior, como em ORÍ IGI (o cimo da árvore); ORÍKO (a parte mais alta de uma fazenda). Da mesma forma, OJÚ, que, originalmente, significa "olho", posteriormente passou a designar algo que cobre toda a face e, hoje, é sinônimo de algo que cobre qualquer superfície, como um OJÚ ÒKUN (a superfície do mar).

A palavra OJÚ também é empregada para designar um lugar particular – OJÚ ÌBỌ (lugar de culto ou sacrifício). Outras palavras como ẸNU (boca), ÌDI (nádegas) e ÈGBÉ (lado), que significam partes do corpo humano, podem ter seu sentido figurado empregado na formação de muitas palavras compostas.

A característica do idioma yorùbá, que permite a justaposição de dois nomes em uma relação genitiva, facilitou o processo de formação de novas palavras, principalmente se se considerar que, tanto em relação à posição quanto ao sentido, o adjetivo corresponde, aproximadamente, ao nome em construção genitiva.

As formas mais importantes para aumentar o vocabulário são:

a) colocando nome e verbo em relação sintática de forma a se construir verbos ainda inexistentes;
b) prefixando vogais a partir dos verbos;
c) combinando sintaticamente nomes e verbos.

Concluindo este texto, tenho certeza de que a língua yorùbá é construída, literalmente, a partir do sentimento humano.

FERNANDEZ PORTUGAL FILHO
Professor titular de Cultura Religiosa e Afro-Brasileira, na Faculdade de História e Filosofia da Universidade de Havana e no Proeper (UERJ).

La Lengua Yorùbá

Mitológicamente el pueblo yorùbá fue proscrito de Meca y obligado a dirigirse para el occidente nigeriano, donde hasta hoy se encuentra, como consecuencia de una guerra civil entre Odùdúwà y sus seguidores, quienes eran conservadores y defendían el regreso a la idolatría islámica. Antes de organizar la expedición que vengaría su expulsión, Odùdúwà murió, y su nieto Òrànmíyàn fue encargado de vengarlo, pues su hijo Òkanbí había muerto anteriormente. Mas Òrànmíyàn fracasó debido a las diferencias con sus hermanos.

La lengua Yorùbá fue en un inicio llamada "Yariba", por el inglés Clapperton. Esse idioma pertenece al grupo sudánico de lenguas. Gran parte de su vocabulario está formado por palabras mono y polisilábicas que pueden analizarse en sus elementos monosilábicos. El yorùbá, por essa razón, pertenece al mismo grupo lingüístico aislado que el chino y es, por necesidad, una lengua tonal.

Por ser tonal, la combinación de una consonante con una de las siete vocales:

A, E, E, I, O, O, U

resultara en uno de los tres tonos, con tres significados distintos.

Tono bajo: BÙ = sacar de
BU = estar desgostoso
BÚ = detonar o abusar
o
BÀ = posar (sentido de pájaro)
BA = agacharse
BÁ = sorprender con, o puede emplearse como verbo auxiliar para el subjuntivo, indicando contingencia.

Como se puede observar, una consoante más una vocal puede tener significados distintos, y existen aproximadamente 800 homónimos ya registrados.

Los monosílabos son, casi siempre, verbos y, en gran parte de los casos, los nombres están compuestos siempre de una consonante y una vocal – ninguna palabra yorubana termina por consonante. Palabras monoletrales son principalmente interjecciones y pronombres personales.

No existen nombres formados por una sola sílaba, y las palabras disílabas formadas de um prefijo vocálico y una sílaba bilateral constituyen nombres que provienen directamente de los verbos, cuya raiz mantiene su tono inalterado, incluso en las palabras compuestas. Entretanto, cuando la palabra está formada por una vocal y una sílaba bilateral, el significado no se corresponde con la realidad, por ejemplo:

O + MÍ = OMÍ = agua (la sílaba MÍ no significa agua).

Popularmente la explicación es que el origen de esas palabras se perdió en el tiempo, pero desde el punto de vista lingüístico, esto explica el origen monosilábico del idioma, sin limitarlo a algunas palabras.

En el idioma yorùbá, existen dos clases de sustantivos:

a) Palabras derivadas de verbos o verbos acompañados de sus objetos.
b) Palabras formadas por invenciones *ad hoc* (palabras creadas para expresar el caso, la ocasión, el propósito, etc.).

Em ambos casos son trisílabas. Los sustantivos no son los únicos polisílabos en la lengua yorùbá, las palabras de otras formas gramaticales también pueden serlo, principalmente los verbos. El vocabulario yorubano consta de formas monosilábicas no verbales, verbos mono y disilábicos y sustantivos polisílabos – *ad hoc,* no derivados de verbos –, verbos y palabras de otras clases.

Recordar:

Los sustantivos *ad hoc* son en número limitado, pero, además de ser utilizados con su sentido normal, también forman matrices para derivados, cuya formación es facilitada por las características aglutinantes y polisintéticas del idioma.

Con anterioridade fue mencionado que disílabos y polisílabos se refieren generalmente a objetos concretos. Todo indica que las primeras palabras inventadas, entre esas los sustantivos *ad hoc,* designan varias partes del cuerpo humano. Eso se pone de manifiesto en palabras como ORÍ (cabeza), ETÍ (oreja), ENÚ (boca), ẸGBẸ́ (lado), ÌDÍ (nalgas), ẸSÈ (pie), INÚ (estómago), EHIN (espaldas) y OJÚ (ojo), que tienen sus significados extendidos por analogía para designar objetos especiales y también ayudan a formar adverbios y, principalmente, preposiciones.

La lista de esas palabras es relativamente larga, pero sería menor si no fuera por la genialidad del pueblo yorubano que amplió su vocabulario mediante un doble proceso extendiendo la aplicación de palabras existentes y derivando vocablos.

En el proceso de formación del vocabulario yorubano, es utilizado el sentido figurado y éste es mucho más extenso que en muchas lenguas, por ejemplo, las europeas. La palabra ORÍ, cuyo significado primitivo es "cabeza", se fue extendiendo hasta designar algo que cubre una parte superior, como en ORÍ IGI (cima del árbol), ORÍKO (la parte más alta de una hacienda). De la misma manera OJÚ, que originariamente significa "ojo", con posterioridad pasó a designar algo que cubre toda la face y hoy es un sinónimo de algo que cubre cualquier superficie, como en OJÚ ÒKUN (la superficie del mar). La palabra OJÚ también es empleada para designar un lugar particular: OJÚ ÌBO (lugar de culto o sacrificio). Otras palabras como ENÚ (boca), ÌDÍ (nalgas), ẸGBẸ́ (lado), que significan partes del cuerpo humano, pueden tener su sentido figurado empleado en la formación de muchas palabras compuestas.

La característica del idioma yorùbá, que permite la yuxtaposición de los nombres en una relación genitiva, ha facilitado el proceso de formación de nuevas palabras, principalmente porque sin considerar el sentido y la posición, el adjetivo corresponde al nombre en construcción genitiva.

Las principales formas para ampliar el vocabulario son:

a) Colocando el nombre y el verbo en relación sintáctica de manera que se construyan verbos todavía inexistentes.
b) Prefijando vocales a partir de verbos.
c) Haciendo una combinación sintáctica de nombres y verbos.

Para concluir, debo expresar que la lengua yorùbá se construye, literalmente, a partir del sentimiento humano.

FERNANDEZ PORTUGAL FILHO
Professor titular de Cultura Religiosa Afro-Brasileira
e Tradicional Religião Yorùbá na
Faculdade de História e Filosofia da Universidade de Havana e
no Proeper (UERJ).

Obs.: As vogais finais antecipadas por M ou N devem ser nasalizadas.

Opo Oramniyan – Ile Ife
Nigéria – 1994

The Yorùbá Language

Mithologically speaking, the yorùbá people were banished from Mecca and obligated to go to the west nigerian region, where they ever stay. This was due to a civil war against Odùdúwà and his followers, which were conservative and defended the return to islamic idolatry. Before organizing an expedition which would revenge his banishment Odùdúwà died and his Òrànmíyàn became in charge of the revenge, since Okandi, Odùdúwà'son, had already died. But Òrànmíyàn didn't succeed due to the differences among his brothers.

The yorùbá language was initially called "Yariba" by the Englishman Clapperton. This language belongs to the sudanese group of languages. The most of its vocabulary is formed by monossyllabic and polissyllabic words, which can be analised in its monossyllabic elements. For this reason, the yorùbá language belongs to the same isolated linguistic group of the Chinese and it is by neccesity a tonal language.

So, a consonant blended with one of the seven vowels
A, E, E, I, O, O, U
will result in one of the three tones, with three different meanings.

Low tone:

$BÙ$ = to get of
BU = to be mocked
$BÚ$ = to explore or to abuse
or
$BÀ$ = to land
BA = to crouch
$BÁ$ = to surprise
or as an auxiliar verb to
form the subjunctive,
indicating contingency.

As we can see, a consonant plus a vowel can have different meanings, and there is approximately 800 homonymes already registered.

The monossyllables are almost verbs and in most other cases the nouns are always formed by a consonant plus a vowel — on yorùbá noun ends in a consonant. Words with only one meaning are mostly interjection and personal pronouns.

There is no monossyllabic nouns, and dissyllable words formed by a vocalic prefix and a bilateral syllable constitute nouns that come directly from verbs, which radical keeps is tone unchanged, even in compound words. But, when the word is formed by a vowel and a bilateral syllable, its meaning doesn't correspond the original one, as in

O + MÍ = OMÍ = water (MÍ does not mean water)

Commonly they say the origin of these words was lost, but in the linguistic vision, this explains the monosyllabic origin of the idiom, without limiting it to some words.

In yorùbá language there are two classes of substantives:

a) Words derivated from verbs or verbs plus object.
b) Words formed *ad hoc* (created to express the moment, the case, etc.).

In both cases, there are trissyllables. The nouns and words of other gramatical classes, mainly the verbs, can be polyssyllables in yorùbá language.

The yorùbá vocabulary consists of monossyllables which are not verbs, mono and dissyllables verbs and polissyllables noun – *ad hoc* which do not come from verbs*, verbs and words from other gramatical classes.

---

*Note: *Ad hoc* substantives are limitated, but besides its normal meaning, they form matrixes for derivatives, which form is facilitated by the agglutinant and polysynthetical characteristics of the idiom.

We said before that dissyllables and polYssyllables refer to concrete objects. We think the first words, which include *ad hoc* substantives, were linked to the human body. We see this in ORÍ (head), ETÍ (ear), ENU (mouth), ÈGBÉ (side), ÌDÍ (buttocks), ẸSẸ̀ (foot), INÚ (stomach), ẸHIN (back) and OJÚ (eye) which had its meaning extended by analogy to designate special objects and to help forming adverbs and mainly prepositions.

This list is long, and it would be short if the yorùbá didn't have the originality of enlarging its vocabulary through a double process: amplifying the range of existing words and derivating other terms.

Pertaining to a vocable, they use a figurative meaning which is wide than in other languages, as we can see in the european languages. The word ORÍ, primarily head, had its meaning extended to designate something which covers the upper part, as ORÍ IGI (upper part of the tree), ORÍKO (upper part of a land). OJÚ, primarily eye, had its meaning extended to signify something which covers the face, and nowdays designates something which covers a surface, as in OJÚ ÒKUN (surface of the sea). It is used also to designate a determinate place: OJÚ IBQ (place for sacrifice or ritual). Other words as ENU (mouth), ÌDÍ (buttocks) and ÈGBÈ (side), which designates parts of the human body, can have the figurative meaning employed in many compound words.

The juxtaposition of two nouns as a genitive, which is characteristic of the yorùbá language, facilitates the process of forming new words, mainly because without considerating the meaning and the position, the adjective corresponds to the noun which is in the genitive form.

The principal means of enlarging the vocabulary are:

a) Placing the noun and the verb in a syntatic relation to construct a non-existing verb.
b) Adding vowels to verbs.
c) Bleding by syntax nouns and verbs.

To conclude this text, I am sure the yorùbá language arises literally from the human feelings.

FERNANDEZ PORTUGAL FILHO
Professor titular de Cultura Religiosa Afro-Brasileira
e Tradicional Religião Yorùbá na
Faculdade de História e Filosofia da Universidade de Havana
e no Proeper (UERJ)

1 Lição Um
Lección Uno
Lesson One
Èkó Kíní

Alfabeto Yorùbá
Alfabeto Yorùbá
Yorùbá Alphabet

A	B	D	E	E	F	G	GB	H	I	J	K	L	M
a	bi	di	è	é	fi	gui	gbi	hì	i	djì	kì	lì	mì

N	O	Ọ	P	R	S	Ṣ	T	U	W	Y
nì	o	ó	kpí	rì	sì	sì	tì	ú	uì	iì

Obs.: No existen las letras C, Q, V, X e Z.
As letras C, Q, V, X e Z não existem no alfabeto Yorùbá.
Do not exist in yorùbá alphabet the characters C, Q, V, X and Z.

As vogais: A Ê É I Ô Ọ́ U
Las vocales: A Ẹ̀ É I O Ọ́ U
Vowel: A Ẹ̀ Ê I Ô Ọ́ U

Saudações	**Saludos**	**Greetings**	**Ki**
Bom-dia	Buenos días	Good morning	Ẹ káàárò
Boa-tarde	Buenas tardes	Good afternoon	Ẹ káàsán
Boa-noite	Buenas noches	Good night or	Ẹ Kálẹ!
		Good evening	Ẹ Káàlẹ
Até Amanhã	Hasta mañana	See you tomorrow	Ọ-dòla

Até Logo	Hasta luego	Good bye	Odábọ̀
Como Vai?	Cómo está?	How are you?	Ṣé dáda ni?
			Ṣé àlàáfíà ni?
Obrigado(a)	Gracias	Thank You	A dúpẹ́
			E Ṣe é O!

Acentuação — **Acentuación** — **Accents**

Os acentos em Yorùbá são:
Los acentos en Yorùbá son:
The accents in yorùbá are:

Em Tom Alto (~) — Tono Alto (~) — High Sound (~)
Em Tom Baixo (~) — Tono Bajo (~) — Low Sound (~)
Em Tom Médio (~) Ou Repetido — Tono Medio (~) ou Tono Vuelta — Middle Sound (~) or Reapeat Sound

Pronomes — **Pronombres** — **Pronouns**

Eu	Yo	I	Èmi (êmi)
Você, Tu	Tú	You	Ìwo (iuó)
Ele, Ela	Él, Ella	He, She	Òun (oún)
Nós	Nosotros	We	Àwa (aúá)
Vocês, Vós	Vosotros	You	Eyin (éin)
Eles, Elas	Ellos, Ellas	They	Àwon (auón)

Pronomes Interrogativos — **Pronombres Interrogativos** — **Interrogative Pronouns**

O que é?	¿Qué es?	What is it?	Kíni?
O quê?	¿Qué?	What?	Kí?
O que aconteceu?	¿Qué pasó?	What Happened?	Kí lẹo dé?
Quando?	¿Cuándo?	When?	Nígbàwo?
Quanto?	¿Cuánto?	How much?	Mélò ni?
Quanto é?	¿Cuánto es?	How much does it cost?	Èló ni?

Onde?	¿Dónde?	Where?	Níbo?
Onde é?	¿Dónde es?	Where is it?	Níbo ni?
Qual é?	¿Cuál es?	Which one?	Wo ni?

Preposição	**Preposición**	**Preposition**	
Para	Para	To, for	Sí, Láti, Fún
E	Y	And	Àti
Com	Con	With	Pẹ̀lú

Expressões de Tratamento	**Expresiones de Tratamiento**	**Degree of Treatment**	
Senhor	Señor	Mr.	Alágba
Senhora	Señora	Mrs.	Ìyá
Mãe	Madre	Mother	Ìyá
Pai	Padre	Father	Bàbá
Pai de Santo	Padre de lo Santo	God's Priest	Bàbálóriṣà
Mãe de Santo	Madre de lo Santo	God's Priestess	Ìyálóriṣà
Sacerdote	Bàbáláwò	Priest	Bàbáláwò de Ifá

Vocabulário	*Vocabulario*	*Vocabulary*	*Ìwé Gbẹdẹ̀gbẹ́yọ̀*
Homem	Hombre	Man	Ọkùnrin
Mulher	Mujer	Woman	Òbìnrin
Filho	Hijo	Child, son	Ọmọ
É (verbo ser)	Es	Is (to be)	Nì, Jẹ́
Querer	Querer	To want	Fẹ́
Mercado/Feira	Mercado/Feria	Market/Fair	Ọjà
Seu, Seus, Sua	Su, Sus, Suya	Your	Re
Seus, Sua, de você	Suyos, Suyas	Yours	Yín
Acarajé	Acarajé (fritura)	Fried bean cake	Àkàrà Jẹ

Pão	Pan	Bread	Bùrédì
Manteiga	Mantequilla	Butter	Botà
De manhã	Por la mañana	In the morning	Ni Àárọ̀
Nome	Nombre	Name	Orúkọ
Nosso, Nossa	Nuestro, Nuestra	Our	Àwa
Professor(a)	Profesor(a)	Teacher	Olùkọ́
Aluno(a)	Alumno, discípulo	Student	Akẹ́kọ́
Linguagem	Lenguage	Language	Èdè, Ìwé Gbẹdẹ̀gbẹ́yọ̀
Aprender	Aprender	To learn	Kọ́
Conhecer, Saber	Conocer, Saber	To know	Mò
Não	No	No	Rárá, Bẹ̀ẹ̀kọ́
Falar	Hablar	To speak	Sọ, Wí, Ní
Sim	Sí	Yes	Bẹ́ẹ̀ni, O dàa
Água	Agua	Water	Omi,
Beber	Beber	To drink	Mu
Irmão mais velho	Hermano mayor	Senior brother	Ẹ̀gbọ́n
Irmã mais nova	Hermana menor	Junior sister	Àbúrò
Marido/Esposo	Marido/Esposo	Husband	Ọkọ
Esposa	Esposa	Wife	Ìyáwò, Àya
Dar	Dar	To give	Fún
Dinheiro	Dinero	Money	Owọ́
Quiabo	Quimbombó	Okra	Ilá
Vem (verbo Vir)	Venir	To come	Wá

Obs.: *kọ́, kò, ò* – são negativas do verbo.
A palavra, vocabulário, que melhor define: *Àṣajọ ọ̀ro* = Coleta, relação de palavras.

Mão	Mano	Hand	Ọwọ́
Vermelho	Rojo	Red	Pupa
Preto	Negro	Black	Dúdú
Óleo	Aceite	Oil	Epo
Óleo de dendê	Mantega de Corojo	Palm oil	Epo Púpà
Dizer	Decir	To say	Wí, Ní, Sọ
Mencionar	Mencionar	To pronounce	Darúkọ
Conversar	Conversar, Charlar	To speak with	Sọ̀rọ

2

Lição Dois
Lección Dos
Lesson Two
Ẹ̀kọ́ Kéjì

Como Pronunciar as Vogais
Como Pronunciar las Vocales
How to Pronounce the Vowels

    A   Como em água, Ato
          Como en agua, acto
          As Anderson

    E   Como em dedo
          Como en dedo
          As Dennis

    Ẹ   Como em ela
          Como en ella
          As pen

    I   Como em vida
          Como en vida
          As ill

    Ọ   Como em bola
          Como en bola
          As only

    O   Como em bolo
          Como en pelota
          As unity

Consoantes		**Consonantes**		**Consonants**	
B	como em bingo	B	como en bingo	B	as be
D	como em Didi	D	como en Didi	D	as delay
F	como em filho	F	como en hijo	F	as fill
G	como em gude	G	como en gude	G	as gift
GB	não existe similar em português	GB	no existe en español	GB	do not exist in english
H	como em ilha	H	como en isla	H	as hill
J	como em Djalma	J	como en Javier	J	as jig
K	como em casa	K	como en casa	K	as karmel
L	como em lição	L	como en lección	L	as leader
M	como em mingau	M	como en madre	M	as me
N	como em Nilda	N	como en nadie	N	as nil
P	como em pilha	P	como en padre	P	as pitch
R	como em Ricardo	R	como en Ricardo	R	as Richard
S	como em sinuca	S	como en Susana	S	as shift
Ṣ	como em xadrez	Ṣ	como en cherbugo	Ṣ	as she
T	como em time	T	como en tesoro	T	as team
W	como em Wilson	W	no existe en español	W	as Wilson
Y	como em Mayo	Y	como en saia, Maio	Y	as field

Vocabulário	*Vocabulario*	*Vocabulary*	*Ìwé Gbẹdẹ̀gbẹ́yọ̀*
Eu sou	Yo soy	I am	Èmi nì
Vem comer	Venga a comer	Come and eat	Wá jẹun
Camisa, blusa, vestido	Camisa, blusa, vestido	Shirt, blouse, skirt	Èwù

Obs.: P tem o som de KP e deve ser lido junto. Não há exemplo.

Cabra	Chiva	Goat	Ẹ̀wúre
Bode	Chivo	Male goat	Òbukọ́
Cobra	Serpiente	Snake	Ejò
Galo	Gallo	Cock	Àkùko
Galinha	Gallina	Hen	Adìẹ
Milho	Maíz	Maize	Àgbàdo
Feijão cozido	Frijol cocido	Boiled beans	Ẹ̀wà
Vestir	Vestir	To dress	Wọ̀
Banana	Banana, plátano	Banana	Ọ̀gèdẹ̀
Cachorro	Perro	Dog	Ajá
Por quê? (pergunta)	¿Por qué?	Why?	Nítorí kíni?
Porque (resposta)	Porque	Because	Nítorípé
Amigo(a)	Amigo(a)	Friend	Ọ̀rẹ̀
Morar	Morar	To live	Gbé
Bairro	Barrio, reparto	City, district	Adúgbò
Por favor	Por favor	Please	Jọ̀wọ́
Muito	Mucho	Many, much	Púpọ̀
Gostar	Gustar	To like	Fẹ́ran
Comer	Comer	To eat	Jẹ
Comida	Comida	Food	Onjẹ
Querer, amar	Querer, amar	To want, to love	Fẹ́

Exemplos de Como Formar Frases
Ejemplos de Como Formar Frases
Examples How to Build Sentences

1. Meu nome é Ronaldo (o pronome vem antes do substantivo).

    Mi nombre es Ronaldo (el pronombre viene antes del substantivo).

    My name is Ronaldo (pronoun comes before noun).

    Orúkô mi nì Ronaldo.

2. O nome do meu professor é Fernandez Portugal Filho (o pronome vem antes do substantive).

    El nombre de mi profesor es Fernandez Portugal Filho (el pronombre viene antes del substantivo).

    The name of my teacher is Fernandez Portugal Filho (pronoun comes before noun).

    Orúkọ olùkö mi nì Fernandez Portugal Filho.

3. Eu estou aprendendo a língua Yorùbá.

    Yo estoy aprendiendo la lengua Yorùbá.

    I am learning the yorùbá language.

    Èmi nkó èdè Yorùbá.

4. Eu quero comer.

    Yo quiero comer.

    I want to eat.

    Èmi fẹ́ jẹun.

5. Eu quero comer pão.

    Yo quiero comer pan.

    I want to eat some bread.

    Èmi fẹ́ jẹ bùrẹ́dì.

6. Ele, ela quer beber água.

    Él, ella quiere beber água.

He, she wants to drink some water.
Òun fẹ́ mu omi.

7. Você não sabe meu nome.
Tú no sabes mi nombre.
You don't know my name.
Ìwọ kò mọ̀ orùkọ mi.

8. Pai, bom-dia! Ou, bom-dia, pai!
¡Padre, Buenos dias! O ¡Buenos dias, padre!
Father, good morning! Or, good morning, father!
Bàbá ẹ!, Ẹ káàrọ̀ bábà!

9. Mencione, pronuncie seu nome.
Pronuncie su nombre / tu nombre.
Pronounce your name.
Dárúkọ orúkọ rẹ.

10. O nome do meu pai é Adèfúnmi.
El nombre de mi padre es Adèfúnmi.
The name of my father is Adèfúnmi.
Orúkọ bàbá mi nì Adèfúnmi.

11. Qual é o nome do seu bairro?
¿Cuál es el nombre de su barrio?
What is the name of your district?
Kini orùkọ adúgbò rẹ?

12. Onde é que você está morando?
¿Dónde estás residiendo / estás viviendo?
Where are you living now?
Níbo ìwọ ngbé?

13. Carlos, como vai?
    Carlos, ¿cómo estás?
    Carlos, how are you?
    Carlos, ṣé dáda nì?

14. Cláudia gosta muito de comida.
    A Claudia le gusta mucho la comida.
    Claudia likes to eat too much.
    Cláudia fẹ́ran onjẹ púpọ̀.

15. Meu amigo foi para São Paulo ontem.
    Mi amigo fue ayer para São Paulo.
    My friend went to São Paulo yesterday.
    Ọ̀rẹ́ mi lọ sí São Paulo láná.

16. Meu filho, venha comer – Venha comer, meu filho.
    Mi hijo, venga a comer – Venga a comer, mi hijo.
    My son, come to eat.
    Ọmọ mi wá jẹun – Wá jẹun ọmọ mi.

17. Eu gosto de roupa branca.
    Me gusta la ropa blanca.
    I like white clothes.
    Èmi fẹ́ran èwù fúnfún.

18. O que aconteceu com você?
    ¿Qué aconteció contigo? ¿sucedió contigo?
    What happened to you?
    Kiló ṣe pẹ̀lú ẹ?

19. Vocês estão indo para suas casas.
    Ustedes están yendo para sus casas.
    You are going to your houses.
    Ẹyin nlọ sílé yín.

20. Meu irmão/irmã mais novo(a), por favor, venha.
    Mi hermano(a) menor, por favor, venga.
    My brother/sister (younger one), please, come.
    Àbúrò mi jọ̀wọ́ wá.

21. Eu não vim.
    Yo no he venido.
    I didn't come.
    Èmi kọ̀ wá.

22. Eu não fui.
    Yo no fui.
    I haven't come.
    Èmi kò lọ.

23. Ele foi para o Rio com meu amigo.
    Él fue para Río con mi amigo.
    He went to Rio with my friend.
    Òun lọ sí Rio pẹ̀lú ọ̀rẹ́ mi.

24. Você foi para o Rio?
    ¿Fuiste para Río?
    Did you go to Rio?
    Ṣé Ìwọ si Rio?

25. Sim, eu fui para o Rio.

   Sí, yo fui para Río.

   Yes, I went to Rio.

   Bẹ́ẹ̀ni èmi lọ sí Rio.

26. Qual é o nome de seu marido?

   ¿Cuál es el nombre de su marido?

   What is the name of your husband?

   Kíni orúkọ ọkọ rẹ?

Observação: Gerúndio

Para formar o gerúndio, coloca-se um "N" antes do verbo. O verbo ir, LỌ, é usado como passado em qualquer circunstância. O gerúndio é usado como presente.

EXEMPLO 1:

Para formar o gerúndio LỌ, basta colocar um "N" antes de LỌ, e vai ficar assim: NLỌ. Leia-se UNLỌ. A pronúncia "N" é UN. NLỌ significa indo.

EXEMPLO 2:

Estou indo para o mercado – Èmi nlo sí ojà.

Obs.: Na gramática Yorùbá a conjugação do verbo no tempo passado não se altera.

EXEMPLO 3: PASSADO

Eu fui ao mercado – Èmi lọ sí ojà.

Observación: Gerundio

Para formar el gerundio, se pone una "n" antes del verbo. El verbo ir, que es LỌ, se usa como pasado en cualquier circunstancia. El gerundio es usado como presente.

EJEMPLO 1:

Para formar el gerundio LỌ, es suficiente añadir la "n" antes de LỌ, y se quedará NLỌ. Se lee UNLỌ, se pronuncia "N" e UN. NLỌ significa: yendo.

EJEMPLO 2:

Estoy yendo al mercado – Èmi nlo si ojà.

Obs.: En la gramática yorùbá la conjugación del verbo en un tiempo pasado no se altera.

EJEMPLO 3:
Yo fui para el mercado – Èmi lọ si ọjà.

Observation: Gerund

In order to form a gerund, you need to put an "N" before the verb. The verb to go, is used as the past tense in any circumstance. It is used in the present tense.

As you know the verb "go" is LỌ in yorùbá, then the gerund of LỌ will be "NLỌ". Gerund is used as present tense in yorùbá grammar.

EXAMPLE 1:

To form the gerund, just put an "N" before LỌ, becoming NLỌ. Read like UNLÓ.

The pronunciation of "N" is UN. UNLỌ and means going.

EXAMPLE 2:

I am going to the market – Èmi nlo sí ojà.

Obs.: Concerning yorùbá grammar, there is no alteration in the past tense when conjugating some verbs.

EXEMPLE 3: PAST TENSE

I went to the market – Èmi lo sí ojà.

Obs.: LỌ deve ser lido no tempo passado, desde que não tenha alguma palavra que indique outro tempo. O gerúndio indica uma ação que está sendo realizada.

3

Lição Três
Lección Tres
Lesson Three
Ẹ̀kọ́ Kẹ́tà

Pronome Interrogativo	Pronombre Interrogativo	Interrogative Pronoun	
Se?	¿Se?	If?	Bí?
Será?	¿Será?	Will be?	Yio njẹ́?

Verbos	Verbos	Verbs	
Ter/possuir	Tener/poseer	To have/To possess	Ní
Cooperar	Cooperar	To cooperate	Báṣe
Fritar	Freir	To fry	Dín
Ver	Ver	To see	Rí
Sentar	Sentar	To sit	Jóko
Levantar	Levantar	To stand up	Dìde
Dormir	Dormir	To sleep	Sùn
Andar	Caminar, andar	To walk	Rin
Dançar	Bailar	To dance	Jó
Correr	Correr	To run	Sáré

Preposição	Preposición	Preposition	
Sobre	Sobre	On	Lórí
Até	Hasta	Until	Títí
Sem	Sin	Without	láì

Obs.: *Títí di* – Até (em caso de tempo).
Títí dé – Até (em caso de local).

Entre	Entre	Between	Ààrin
Sob/embaixo	Bajo	Under	Lábẹ́
Em/no/na	En/en lo/en la	In, at	Ni
Ao lado de, em torno de	Al lado de, en torno de	Beside, around	ni apá, kà

Tempo Futuro
Tiempo Futuro
Future Tense
Yio

Na gramática yorùbá, a conjugação do verbo no tempo do futuro é a palavra YIO que sempre acompanha o verbo.

En la gramática yorùbá, la conjugación del verbo en el tiempo futuro es la palabra YIO que siempre acompaña el verbo.

In the yorùbá grammar, the future tense is formed with the word YIO accompanning the verb.

Exemplo:	**Ejemplo:**	**Example**:	
Tempo futuro	Tiempo futuro	Future tense	
Verbo ir	**Verbo ir**	**Verb to go**	**Lo**
Eu irei	Yo iré	I will go	Èmi yio lo
Tu irás	Tú irás	You will go	Iwọ yio lo
Ele irá	Él/ella irá	He/she will go	Òun yio lo
Nós iremos	Nosotros iremos	We will go	Àwa yio lo
Vós ireis	Vosotros ireis	You (plural) will go	Ẹyin yio lo
Eles irão	Ellos iran	They will go	Àwon yio lo

Obs.: *YIO* é uma das palavras (pré-verbo) reduzidas de yio que faz o tempo futuro. *Ò* é a forma.

Vocabulário	*Vocabulario*	*Vocabulary*	*Iwe Gbẹdẹgbẹ́yọ̀*
Opinião	Opinión	Opinion	Ìro
Agulha	Aguja	Needle	Abẹ́rẹ
Botequim	Bar	Bar	Abẹ̀tẹ̀ ou Iléonjẹ
Metade	Mitad	Half	Àábọ̀
Facão	Cuchillo	Knife	Àdá, ọbẹ
Coroa	Corona	Crown	Adé
Prece, oração	Oración	Prayer	Adúrà
Acordo	Acuerdo	Agreement	Adéhùn
Ponte	Puente	Bridge	Afárá
Palácio	Palacio	Palace	ÀÀfin
Vento	Viento	Wind	Afẹ́ẹ́fẹ́
Cego	Ciego	Blind	Afọ́ju
Cadeira	Silla	Chair	Àga
Com licença	Permiso	Excuse me	Àgo lọ́na
Ovelha	Oveja	Sheep	Àgùtàn
Força, poder	Fuerza	Force	Agbára
Fazendeiro	Granjero	Farmer	Àgbẹ̀ (Ọlókò)
Coco	Coco	Coconut	Àgbọn
Relógio	Reloj	Clock	Agogo, aago
Relógio de pulso	Reloj pulsera	Watch	Agogo ọwọ́
Relógio de parede	Reloj de pared	Clock	Agogo ògiri
Mundo	Mundo	World	Àiyé
Tartaruga	Tortuga	Turtle	Àjapá
Estranho	Extranjero	Stranger	Òyinbó

Português	Español	English	Yorùbá
Bruxo, bruxa	Brujo(a)	Witch	Oṣó, àjẹ́
Escada	Escalera	Stairs	Àkàbà
Machado	Hacha	Ax, hatchet	ÀÁké
Notícia	Noticia	Notice	Àkiyèsi, ìrohin
Pobre	Pobre	Poor	Akúùṣẹ́
Pássaro	Pájaro	Bird	Ẹiyẹ
Árvore	Árbol	Tree	Igi
Cidade	Ciudad	City, town	Ìlú
Ter beleza	Tener belleza	To have beauty	Lẹ́wà
Cerveja	Cerveza	Beer	Ọtí bìá
Ou	O	Or	Tàbí
De noite	Por la noche	At night	Lálẹ́
De tarde	Por la tarde	In the afternoon	Lọ́sàn
De tarde (pôr do sol)	Por la noche (primeras horas de la noche)	At evening	Ni, Irọlẹ̀

Exemplos de Como Formar Frases
Ejemplos de Como Formar Frases
Examples How to Build Sentences.

1. Você viu Andreia no mercado ontem?
   ¿No viste a Andrea en el mercado ayer?
   Did you see Andrea in the market yesterday?
   Iwọ rí Andreia ni ojà Lláná?

2. Eu vi um pássaro em cima da árvore.
   Yo vi un pájaro encima del árbol.
   I saw a bird on the top of the tree.
   Èmi rí ẹiyẹ lóri igi

3. Eu correrei amanhã.
   Yo correré mañana.
   I will run tomorrow.
   Èmi yio sáre lọ́la.

4. Você quer ir dormir?
   ¿No quieres dormir?
   Do you want to go to sleep?
   Ṣé Ìwọ fẹ́ lọ sùn?

5. Eu não tenho dinheiro.
   Yo no tengo dinero.
   I do not have any money.
   Èmi kò ní owó èmi kò lówó.

6. Karynna irá para o Rio.
   Karynna irá para Río.
   Karynna will go to Rio.
   Karynna yio lo sí Rio.

7. Jorge não gosta de frio.
   A Jorge no le gusta el frío.
   Jorge does not like cold weather.
   Jorge kò fẹ́ran otútù.

8. Pai, eu quero ir para o Rio até de tarde.
   Padre, yo quiero ir para Río hasta la tarde.
   Father, I want to go to Rio until the evening.
   Bàbá, èmi fẹ́ lọ sí Rio títí dé irọ́lẹ̀.

9. Marta e o amigo dela irão beber cerveja no botequim.
   Marta y su amigo iran a beber cerveza al bar.
   Marta and her friend will go to drink beer in the bar.
   Marta àti òrẹ́ rẹ̀ yio lọ mu bìá ni àbẹ̀tẹ̀.

10. Por favor, vá comprar pão para mim.
    Por favor, ve a comprar pan para mí.
    Please. Go and buy a bread for me.
    Ẹ jọwọ lọọ* rà bùrẹ́dì fún mi.

11. Antônio não gosta de cerveja.
    Antonio no le gusta la cerveza.
    Antonio does not like beer.
    Antonio kò fẹ́ràn bìá.

12. Eu quero sua opinião.
    Yo quiero su opinión.
    I want your opinion.
    Èmi fẹ́ ìro re.

13. Você não tem força.
    Tú no tienes fuerza.
    You do not have any force.
    Ìwọ kò ní agbára.

14. Nosso professor é estrangeiro.
    Nuestro profesor es extranjero.
    Our teacher is a foreigner.
    Òyinbó nì òlùkọ́ wa.

---

*N.A.: ÀJEJÌ é uma denominação pejorativa dos jogos e significa estrangeiro.
Alejo – Visita: dois verbos juntos, em que a última sílaba do primeiro é estendida.

15. Por favor, sente-se na cadeira.
    Por favor, siéntese en la silla.
    Please, sit on the chair.
    Ẹ jọwọ́, ẹ́ jóko lórí àga.

16. Ele não gosta de coco.
    A él no le gusta el coco.
    He does not like coconut.
    Òun kò fẹ́ràn jẹ àgbọn.

4

Lição Quatro
Lección Cuatro
Lesson Four
Ẹ̀kọ́ Kẹ́rin

Vocabulário	*Vocabulario*	*Vocabulary*	*Iwe Gbẹdẹ̀gbẹ́yọ̀*
Notícia do jornal	Noticia del periódico	News	Ìwé Ìrohin
Telejornal (TV)	Noticiero	T.V. news	Ìrohin
Maldoso	Malicioso	Malicious	Buburú
Desobediente	desobediente	Disobedient	Aláigbọnràn
Burro	Asno	Stupid	Aláàímọ̀
Pessoa sem-vergonha	Personas sin vergüenza	Shameless person	Aláàinítìjú
Pessoa imprestável	Persona inútil	Useless person	Alákọrí
Pessoas inocentes	Personas inocentes	Inocents persons	Aláàre, Aláàisè
Pessoa doente	Persona enferma	Sick person	Aláàrún
Explicação	Explicación	Explanation	Alàyé
Amante	Amante	Lover	Afẹ, olùfẹ̀
Visita	Visita	Visit	Àlejò
Cebola	Cebolla	Onion	Àlubọ́sà
Garfo	Tenedor	Fork	Amúga
Cunhado(a)	Cuñado(a)	Brother-in-law Sister-in-law	Àna' kùnrin Àna' bìnrin
Ontem	Ayer	Yesterday	Àná
Pessoa relaxada	Persona perezosa	Lazy person	Wúruwúru
Brincadeira	Broma, chanza	Joke	Ṣiré

Pescador	Pescador	Fisherman	Apẹja
Cesto	Cesta	Basket	Apẹ̀rẹ̀
Exemplo	Ejemplo	Example	Àpẹ̀rẹ
Caixa	Caja	Box	Àpóti
Relâmpago	Relámpago	Thunder	Aará ọ̀run
Meio, entre	Medio, entre	Between	Ààrin, Ààbọ̀
Norte	Norte	North	Àríwá
Barulho	Barullo	Noise	Ariwo
Festa	Fiesta	Party	Àríya, siré
Aleijado	Estropeado, tullido	Lame	Yarọ
Pessoa velha	Persona vieja	Old man or Old woman	Arúgbo Ènia àgba
Costume	Costumbre	Habit, costum	Àṣà
Gavião	Gavilán	Hawk	Àwodi
Força negra	Fuerza negra	Black power	Àgbára dúdú
Erro	Error	Error, mistake	Àṣiṣẹ
Representante	Representante	Representative	Aṣójú
Cortina	Cortina	Curtain	Aṣọ fèresé
Pimenta	Pimienta	Pepper	Ata
Vento (brisa)	Viento	Wind	Atégùn
Lanterna	Linterna	Lantern	Àtùpà
Nós (pronome)	Nosotros	We (pronoun)	Àwa, wa
E	Y	And	Àti
Prato	Plato	Plate	Àwo
Cor	Color	Color	Àwọ́
Eles, elas	Ellos, ellas	They	Àwọn, wọn

Exemplos de Como Construir Frases

Ejemplos de Como Construir Frases
Examples How to Build Sentences

1. O telejornal de ontem foi bom.
   El noticiero de ayer fue bueno.
   Yesterday's news was nice.
   Ìrohin àná dára.

2. Meu irmão mais novo é maldoso.
   Mi hermano menor es malvado.
   My younger brother is malicious.
   Buburú nì àbúrò mi, àbúrò mi nì bururú.

3. Meu amigo é desobediente.
   Mi amigo es desobediente.
   My friend is disobedient.
   Alaígbọnràn ni ọrẹ́ mi, ọrẹ́ mi nì alaigbọnran.

4. Você é burro.
   Tú eres um asno.
   You are stupid.
   Ìwọ nì aláàímọ̀.

5. Eu não sou burro.
   Yo no soy asno.
   I am not stupid.
   Èmi kìí ṣe aláàímọ̀.

6. Sem-vergonha é ele, ele é sem-vergonha.
   Sinvergüenza es él, él es sinvergüenza.
   He is a shameless person.
   Òun ni aláàinítìjú.

7. Eu não sou imprestável.
Yo no soy un inútil.
I am not a useless person.
Èmi kìí şe alákọ́rí
Kọ́ – é a negativa de Nì – ser
Kìí şe – é a negativa de Jé – ser
Jẹ́ – é usado para definir

8. Inocente é ele – Ele é inocente.
Inoccente es él – Él es inocente.
Innocent he is – He is an innocent
Aláàre – Òun nì.

9. A explicação não é boa.
La explicación no es buena.
The explication is not good.
Àlàyé kọ́ dára.

10. Eu não tenho amante.
Yo no tengo amante.
I do not have a lover.
Èmi kò ní alùfẹ́.

11. Eu tenho visita.
Yo tengo visita.
I have a visitor.
Èmi ní àlejò.

12. Eu gosto de cebola.
Me gusta la cebolla.
I like onion.
Èmi fẹ́ran àlubọ́sa.

13. Eu gosto da minha cunhada.
    A mi me gusta mi cuñada.
    I like my sister-in-law.
    Èmi fẹ́ran àna' bìnrin mi.

14. Você é relaxada.
    Tú eres perezosa.
    You are a lazy person.
    Ìwọ nì wúruwúru.

15. Meu cunhado é um pescador.
    Mi cuñado es um pescador.
    My brother-in-law is a fisherman.
    Apẹja ni àna'kùnrin.

16. Eu sou representante da Nigéria no Rio de Janeiro.
    Yo soy representante de Nigeria en Río de Janeiro.
    I am a representative of Nigeria in Rio de Janeiro.
    Èmi nì aṣójú Nàìjíríyà ni Rio de Janeiro.

17. Dá-me um exemplo.
    Déme un ejemplo.
    Give me an example.
    Fún mi ni àpẹ̀rẹ.

18. Eu não gosto de barulho.
    No me gusta el barullo.
    I do not like noise.
    Èmi kò fẹ́ran ariwo.

19. Meu destino é ser rei.
    Mi destino es ser rey.
    My destiny is to be king.
    Àyánmọ́ mi nì láti jẹ́ ọba.

20. O nome de meu filho será Felicidade.
    El nombre de mi hijo será Felicidad.
    The name of my son will be Felicity.
    Orúkọ ọmọ mi yio jẹ́ Ayọ̀.

21. Eu tenho felicidade.
    Yo tengo felicidad.
    I have happiness.
    Èmi ní ayọ̀ púpọ̀.

Vocabulário

Destino	Àyànmó, odù
Felicidade	Ayọ̀
Para/desde	Látí
Não é = (quando não é aquela pessoa)	Kìí se
Negativa do verbo Jé = ser	

Obs.: Mo é a abreviatura de èmi (yo)
    Ẹ é abreviatura de Ẹyin (vocês) plural.

Vocabulario

Destino	Àyànmó, odù
Felicidade	Ayọ̀
Para/desde	Látí
No es = (cuando no es aquella persona)	Kìí se
Negativa do verbo Jé = ser	

Obs.: Mo es la abreviatura de èmi (yo)
    Ẹ es la abreviatura de Ẹyin (ustedes/vosotros) plural.

Vocabulary

Destiny	Àyànmọ́, odù
Happiness	Ayọ̀
To/for	Láti
Is not = (when it is not that person)	Kìí ṣe

Negative of verb Jé = To be

Obs.: Mo is the abbreviation of Èmi (I).
    Ẹ is the abbreviation of Ẹyin (you) plural.

O possessivo de Àwon (eles, elas) é Wọn.
El posesivo de Àwon (ellos, ellas) es Wọn.
The possessive of Àwon (they) is Wọn.

O possessivo de Ìwọ (você) é Rẹ.
El posesivo de Ìwọ (tú) es Rẹ.
The possessive of Ìwọ (you) is Rẹ.

O possessivo de Òun (ela, ele) é Rẹ̀.
El posesivo de Òun (Ella, él) es Rẹ̀.
The possessive of Òun (him, her) is Rẹ̀.

O possessivo de Àwa (nós) é Wa.
El posesivo de Àwa (nosotros) es Wa.
The possessive of Àwa (we) is Wa.

Templo de Osun-Osogbo Nigéria – 1994.

5

Lição Cinco
Lección Cinco
Lesson Cinco
Ẹ̀kọ́ Kárùn

Verbo Ser	Verbo Ser	To be	Nì
Eu sou	Yo soy	I am	Èmi nì
Tu és	Tú eres	You are	Ìwọ nì
Ele/ela é	Él/Ella es	He/she is	Òun nì
Eles são	Ellos son	They are	Àwọn nì
Nós somos	Nosotros somos	We are	Àwa nì

Pronomes Demonstrativos	Pronombres Demostrativos	Demonstrative Pronouns	
Este, esta, isto	Este, esta, esto	This	Èyí (èii), Yi (ii)
Estes, estas	Estos, estas	These	Wọ̀nyí (aounii)
Esse, essa, isso, aquele, aquela	Esse, esa, aquel, aquella	That	Ìyẹn (iién), yẹn
Esses, essas, aqueles, aquelas	Esos, esas, aquellos, aquelas	Those	wọ̀nyen (ónién)

Obs.: Yorùbá não aceita a forma Tu e Vós – substitui por Você, Vocês.

Exemplos de Como Formar Frases Com Pronomes Demonstrativos
Ejemplos de Como Formar Frases Con Los Pronombres Demostrativos
Examples How to Build Sentences With Demonstrative Pronouns

Este é meu livro.
Este es mi libro.
This is my book.
Èyí nì ìwé mi ou Ìwé mi ni yí.

Aquele é meu livro, meu livro é aquele.
Aquel es mi libro, mi livro es aquel.
That book is mine.
Ìwé mi nì yẹn.

Vocabulário	*Vocabulario*	*Vocabulary*	Iwe Gbẹdẹgbéyọ̀
Encontrar	Encontrar	To meet	Bá
Alcançar	Alcanzar	To reach	Bá
Acompanhar	Acompañar	To accompany	Bá
Pai, papai	Padre, papá	Father, daddy	Bàbá
Vovô	Abuelo	Grandfather	Bàbá nlá
Vovó	Abuela	Grandmother	Ìyá nlá
Semelhante, mesmo	Semejante mismo	Same, equal	Bakánna
Banheiro	Baño	Bathroom	Balùwẹ̀
Banco	Banco	Bank	Bánkì, ilé owó
Ficar triste	Quedar triste	To get sad	Banújé
Bicicleta	Bicicleta	Bicycle	Básìkùlú, kẹ̀kẹ́
Sapato	Zapato	Shoe	Bàtà
Perguntar	Preguntar	To ask	Berè, bèèrè
Pular	Saltar	To jump	Bẹ

Obs.: *BÁ* – (com preposição): Ẹ *bá mi lọ* = Venha comigo.

Suplicar, implorar	Suplicar, implorar	To beg, to implore	Bẹ̀bẹ́
Abaixar, começar	Comenzar, empezar	To start	Bẹ̀rẹ́
Ter medo	Tener miedo	To be afraid, to fear	Bẹ̀ru
Nascer	Nacer	To be born	Bí
Zangado	Enojado, encolerizado	To be angry	Bínu
Cobrir	Cubrir	To cover	Bò
Talvez	Quizás	Perhaps	Bóya
Bola	Bola, pelota	Ball	Bọ́ọ̀lù
Mau, má	Malo, mala	Bad	Burujú, buruburu
Respeitar	Respetar	To respect	Bọ̀wọ̀, júbà

Exemplos de Como Formar Frases com Cada Vocabulário
Ejemplos de Como Formar Frases con Cada Vocabulario
Examples How to Build Sentences with Each Vocabulary

1. Eu encontrei Félix no Rio de Janeiro.
   Yo encontre a Félix en Río de Janeiro.
   I have met Félix in Rio de Janeiro.
   Èmi bá Félix ní Rio de Janeiro.

2. Eu quero ir ao banheiro.
   Yo quiero ir al baño.
   I want to go to the bathroom.
   Mo fẹ́ẹ́ lọ sí balùwẹ̀.

3. Você vai ao banco.
Tú (usted – vos) vas al banco.
You are going to the bank.
Ìwọ nlọ sí bánki.

4. Meu amigo ficou triste porque o pai dele morreu.
Mi amigo se quedó triste porque su padre murió.
My friend was sad because his father passed away.
Ọrẹ́ mi banújẹ́, nítorípe bàbá rẹ̀ kú.

5. Meu pai comprou uma bicicleta para mim.
Mi padre compró una bicicleta para mí.
My father has bought a bicycle for me.
Bàbá mi ra básìkùlú fún mi.

6. Eu fui comprar um par de sapatos para minha esposa.
Yo fui a comprar un par de zapatos (calzado) para mi esposa.
I went to buy a pair of shoes for my wife.
Èmi lọọ ra bàtà fún ìyáwò mi.

7. Eu quero que você pergunte.
Yo quiero que tú preguntes.
I want you to ask.
Èmi fẹ́ kí o bèèrè.

8. Eu pulei por cima da árvore.
Yo salté por arriba del árbol.
I jumped over the tree.
Èmi fò lórí igi.

9. Eu não gosto de implorar.
   No me gusta implorar.
   I do not like to implore.
   Èmi kò fẹ́ran bẹ̀bẹ̀.

10. A prova começará amanhã.
    La prueba empieza mañana.
    The exams will start tomorrow.
    Ìdánwò yio bẹ̀rẹ̀ lọ́la.

11. Eu não tenho medo nem de cachorro nem de cobra.
    Yo no tengo miedo ni al perro ni a la serpiente.
    I do not fear a dog or a snake.
    Èmi kò ní bẹ̀rù ajá tàbí ejò.

12. A esposa de meu amigo deu à luz um filho.
    La esposa de mi amigo parió un hijo.
    My friend's wife gave birth a male child.
    Ìyáwò ọ̀rẹ́ mi fifún ìbí ọmọ òkùnrìn.

13. Meu amigo está comendo feito cachorro.
    Mi amigo está comiendo como un perro.
    My friend is eating like a dog.
    Ọ̀rẹ́ mi njẹun bí ajá.

14. Você está zangado comigo?
    ¿Tú estás enojado conmigo?
    Are you angry with me, don't you?
    Ṣẹ́ ìwọ bínú pèlú mi?

15. Mãe, cubra-me, por favor.
    Madre, cúbrame, por favor.
    Mother, please, cover me.
    Iẹ jọ̀wọ́ ìyá, bò ara mi.

16. Carlos, por favor, compre uma bola para meu filho.
    Carlos, por favor, compra una pelota para mi hijo.
    Carlos, please, buy a ball for my son.
    Carlos, ẹ jọwọ́ ra bọ́ọ̀lù fún ọmọ mi.

17. Você é uma pessoa má.
    Tú eres una persona mala.
    You are a bad person.
    Ìwọ ni ẹni kan buruku.

18. Meu amigo não tem respeito algum.
    Mi amigo no tiene ningún respeto.
    My friend has no respect.
    Ọ̀rẹ́ mi kò l' ọ́wọ̀ ẹnikẹ́ni.

19. A cobra mordeu meu amigo?
    ¿La serpiente mordió a mi amigo?
    Did a snake bite my friend?
    Ejò bùjẹ ọ̀rẹ̀ mi bí?

Bí { Al final de la frase es una locución interrogativa
     No final de frase é uma locução interrogativa
     At the end of the sentence is an interrogative particle

Obs.: *Njé* – usado no início da frase revela uma dúvida maior.
Sẹ́ – usado no início de frases interrogativas.
Bí – usado no fim de frases interrogativas.

6

Lição Seis
Lección Seis
Lesson Six
Ẹ̀kọ́ Kẹ́tà

Pronomes Possessivos	Pronombres Personales	Personal Pronouns	
Comigo	Conmigo	With me	Pẹ̀lú mi
Contigo	Contigo	With you	Pẹ̀lú rẹ
Conosco	Con nosotros	With us	Pẹ̀lú wa
Convosco	Con vosotros	With you (plural)	Pẹ̀lú yín

Pronomes Indefinidos	Pronombres Indefinidos	Indefinid Pronouns	
Ninguém	Nadie	Nobody	Ẹnìkan
Não há ninguém	No hay nadie	There is nobody	Kò si ẹnìkan
Todo, toda, tudo	Todo, toda	All, every	Gbogbo
Outro, outra	Otro, otra	Other, another	Òmíràn
Pouco	Poco	Little	Díẹ̀
Vários	Varios	Various	Orísirísi
Qualquer um destes	Cualquiera de estos	Any	Ẹ̀yíkèyí
Diferença, diferente	Diferencia, diferente	Difference, different	Ìyatọ

Obs.: Contigo e convosco não são usados, e sim com você e com vocês.

Vocabulário	*Vocabulario*	*Vocabulary*	*Iwe Gbẹdẹ̀gbẹ́yọ̀*
Trair	Traicionar	To betray	Dà
Crescer	Crecer	To grow up	Dàgbà
Responder	Contestar	To answer	Dáhùn
Julgar	Juzgar	To judge	Dájọ́
Certeza	Certeza	Sure	Dáju
Desmaiar	Desmayo	To faint	Dákú
Cozinhar	Cocinar	To cook	Sè
Assaltante	Asaltante	A burglar	Dánàdánà
Bonito ou ter beleza	Bello o tener belleza	Beautiful or to be beautiful	Ẹ̀wà, dáda
Bonito, bom	Bello, bueno	Beautiful, good	Dára
Chegar	Llegar	To arrive	Dé
Chegar em casa	Llegar a casa	To arrive at home	Délé
Amarrar	Atar	To tie, to bind	Dì
Bloquear, fechar, tapar	Bloquear, cerrar, tapar	To block, to close, to cover	Dí, tì
Levantar	Levantar, elevar	To stand up, to raise	Dìde
Pouco	Poco	Little	Díẹ̀
Espelho	Espejo	Mirror	Dígi
Fritar	Freir	To fry	Dín
Banana frita	Plátano frio	Fried banana	Dódò
Envergonhar	Avergonzar	To ashame	Dòjutì
Ser igual	Ser igual	to be equal	Dógba
Doutor, médico	Doctor, médico	Doctor	Ìṣegun, dókítà
Estar sujo	Estar sucio	To be disty	Dòtí, àimọ́
Deitar	Acostar	To lie down, to go to bed	Dùbúlè

Preto	Negro	Black	Dúdú
Agradecer	Agradecer	To thank	Dúpẹ́
Permanecer de pé (parado)	Permanecer de pie (parado)	To stop, to hold up	Dúro

Exemplos de Como Formar Frases com Cada Vocabulário
Ejemplos de Como Formar Frases con Cada Vocabulario
Examples How to Build Sentences with Each Vocabulary

1. Meu amigo me traiu.
   Mi amigo me traicionó.
   My friend has betrayed me.
   Òrẹ́ mi dà mí.

2. Aquele cahorro não cresceu.
   Aquel perro no creció.
   That dog has not grown up.
   Ajá yẹn kò dàgbà.

3. Célia, você não respondeu minha pergunta.
   Celia, usted (tú o vos) no contestó mi pregunta.
   Celia, you did not answer my question.
   Célia, ìwọ kò dáhùn ìberè mi.

4. Andrea, choverá amanhã porque eu tenho certeza.
   Andrea, lloverá mañana porque yo tengo la certeza.
   Andrea, it will rain tomorrow, because I am sure.
   Andrea, lọ́la òjò nítorí pé.

5. Eu vou cozinhar, eu estou indo cozinhar.
   Yo voy a cocinar, yo estoy yendo a cocinar.
   I am going to cook.
   Èmi nlọ sè.

6. Eu não tenho amigo assaltante.
   Yo no tengo amigo asaltante.
   I do not have a burglar friend.
   Èmi kò ní ọrẹ́ dánàdánà.

7. Aquela garota é bonita.
   Aquella muchacha es bonita (bella).
   That girl is beautiful.
   Ọmọdébìnrin yẹn lẹ́wà.

8. Aquele garoto não é bonito.
   Aquel muchacho no es bello.
   That boy is not handsome.
   Ọmọdékùnrin yẹn kò lẹ́wà.

9. Seu amigo já chegou em casa?
   ¿Su amigo ya llegó a casa?
   Has your friend arrived at home already?
   Ṣé ọ̀eẹ́rẹ ó tí délé?

10. Meu amigo não chegou em casa.
    Mi amigo no llegó a casa.
    My friend has not arrived at home.
    Ọ̀rẹ mi kò délé.

11. Seu amigo já chegou?
    ¿Su amigo ya ha llegado?
    Has your friend arrived?
    Ọ̀rẹ rẹ tí dé?

12. Meu amigo não chegou.
    Mi amigo no llegó.
    My friend has not arrived.
    Ọ̀rẹ mi kò dé.

13. Amarre minha mão.
    Amarre mi mano (ate mi mano).
    Bind my hand.
    Dì ọwọ́ mi.

14. A estrada Nova Friburgo/Rio está bloqueada.
    La carretera Nova Friburgo/Río está bloqueada.
    Nova Friburgo/Rio road is blocked.
    Láti Nova Friburgo sí Rio de Janeiro òna ndí si.
    Sí = exatamente.

15. Eu vou tapar aquele buraco.
    Yo voy a tapar aquel hueco.
    I am going to cover that pit.
    Èmí nlọ dí kòtò yẹn.

16. Valéria, por favor, levante-se para cantar.
    Valéria, por favor, párate y canta, elévate para cantar.
    Valéria, please, stand up and sing.
    Valéria, dìde láti kọrin.

17. Fátima, dê-me um pouco de água gelada, por favor.
    Fátima, dame un poco de agua helada, por favor.
    Fátima, please, give me some freeze water.
    Fátima, ẹ jọ̀wọ́, fún mi ni omi tútù diẹ̀.

18. Eu gosto de banana frita com arroz.
    Me gusta la banana (plátano) frita con arroz.
    I like fried banana with rice.
    Èmi fẹ́ran dodo pẹ̀lú irẹsì.

19. Eu vou ver meu médico. Médico = Dọ́kítà
    Yo voy a ver a mi médico (doctor). Médico = Dọ́kìtà
    I am going to see my doctor. Doctor = Dọ́kìtà, ìṣẹgun (ẹsìnjẹ́)
    Èmi nlọọ rí dọ́kítà mi. = Dọ́kítà

20. Você é uma pessoa suja.
    Tú eres una persona sucia.
    You are a dirty person.
    Ara rẹ dòtí.

21. Minha blusa está suja.
    Mi blusa está sucia.
    My blouse is dirty.
    Èwù mi dòtí.

22. Por favor, não me suje.
    Por favor, no me ensucies.
    Please, I don't walk to get soil.
    Ẹ Jọwọ́ má dòtí mi.

23. Eu vou me deitar
    Yo voy a acostarme.
    I am going to bed.
    Èmi fẹ́ẹ́ lọ dùbúlẹ̀.

24. Eu dei dinheiro a ele, mas não me agradeceu.
    Yo le di dinero, pero no me lo agradeció.
    I gave him some money, but he did not thank me.
    Mo fún un owó ni, ṣùgbọ́n kò dúpẹ́ lọ́wọ̀ mi.

25. Marcos, espere-me, por favor.
    Marcos, espéreme, por favor.
    Marcos, please, wait for me.
    Marcos, ẹ jọwọ́, dúro dè fún mi.

Obs.: *Láti* é usado para indicar direção: neste caso significa DE.

Vocabulário	*Vocabulario*	*Vocabulary*	*Iwe Gbẹdẹ̀gbẹ́yọ̀*
Livro	Libro	Book	Ìwé
Pergunta	Pregunta	Question	Ìberè
Chuva	Lluvia	Rain	Òjò
Para	Para	To, for	Láti, sí, fún
Mão	Mano	Hand	Ọwọ́
Buraco	Hueco	Pit	Kòtò, isà, ihò
Cantar	Cantar	To sing	Kọrin
Gelado	Helado	Freeze	Tútù
Arroz	Arroz	Rice	Ìrẹsì
Dinheiro	Dinero	Money	Owó
Mas	Más	But	Ṣùgbọ́n
Beleza	Belleza	Beauty	Ẹ̀wà
Comer	Comer	To eat	Jẹ

Exemplo 1: Eu vou comer arroz e feijão.
Ejemplo 1: Yo voy a comer arroz y frijoles.
Example 1: I am going to eat rice and beans.
Èmi fẹ́ẹ́ lọ jẹ ìrẹsì àti ẹ̀wà.

Exemplo 2: Ontem, eu comi arroz e feijão.
Ejemplo 2: Yo comí arroz y frijoles ayer.
Example 2: I eat rice and beans yesterday.
Èmi jẹ ìrẹsì àti ẹ̀wà láná.

Jẹ = comer – comer – to eat
Jẹun = comer – comer – to eat (comer alguma coisa)
É usado somente quando você vai comer uma comida.
Es usado cuando no se define lo que deseja comer.
It is used when you are going to eat a food.

Exemplo: Eu quero comer, eu vou comer.
Ejemplo: Yo quiero comer, yo voy a comer.
Example: I want to eat, I am going to eat.
Èmi fẹ́ jẹun.

De manhã	Por la mañana	In the morning	Ni àárọ, láàárọ̀
De tarde	Por la tarde	In the afternoon	Ni ọsàn, lọ́sán
À tardinha	Por la noche (primeras horas de la noche)	In the evening	Ni írọlẹ́, nírọlẹ́
De noite	Por la noche	At night	Ni alẹ́, lálẹ́
Amanhã	Mañana	Tomorrow	Ni ọ̀la, lọ̀la
Já, que	Ya, que	Already, that	Tí
Médio, entre	Medio, entre	Between	Ààrin
Quando	Cuando	When	Nígbàtí

Sua Alteza Real Adetutu – Rei de Kètú – República do Benin, 1997.

Obs.: O verbo *Jẹ* (comer) pede complemento, dizer o que vai comer *Jẹ eran. Jẹ àmàlà*, etc. ou *jẹun* – comer alguma coisa.

7

Lição Sete
Lección Siete
Lesson Seven
Ẹ́kọ́ Kèjè

Vocabulário	Vocabulario	Vocabulary	Iwe Gbẹdẹ̀gbẹ́yọ̀
Fome, faminto	Hambre, Hambriento	Hungry, hunger	Ebi
Estou com fome	Estoy con hambre	I am hungry	Ebi npa mí
Não tenho fome	No tengo hambre	I am not hungry	Ebi kò pa mí
Desentendimento	Falta de entendimiento	Misunderstanding	Èdeàiyédè
Ferido, machucado	Herido, lesionado	Wound, injury	Ọgbẹ̀
Espírito dos mortos	Espíritu de los muertos	Ghost, phantom	Egúngún
Osso	Hueso	Bone	Eegun
Rato	Ratón	Mouse	Eku ou Èkuté
Uma pessoa	Una persona	One person	Ẹnikan
Lucro	Provecho, ganancia	Profit	Èrè
Feijão branco cru ou feijão	Frijol blanco crudo o frijol	White beans or boiled	Ẹ̀wà fúnfún
Branco	Blanco	White	Fúnfún
Cozido	Cocido	Boiled	Ẹ̀wà fúnfún sízè
Estátua	Estatua	Statue	Ère

Elefante	Elefante	Elephant	Erin
Pensamento, ideia	Pensamiento	Thought, idea	Erò
Cinza (cor)	Gris (color)	Gray (color)	Erú
Praia	Playa	Beach, seaside	Ẹtí ọkun
Folha (vegetal)	Hoja (vegetal)	Leaf (vegetable)	Ewé (eweko)
Cabelo branco	Cabello blanco	White hair	Irun funfun / Irun arúgbo
Perigo	Peligro	Danger	Ewu

Exemplos de Como Formar Frases com Cada Vocabulário
Ejemplos de Como Formar Frases con Cada Vocabulario
Examples How to Build Sentences with Each Vocabulary

1. Fome não é bom.
   El hambre no es buena.
   Hunger is not good.
   Ebi kò dára.

2. Meu amigo está com fome.
   Mi amigo está con hambre.
   My friend is hungry.
   Ebi npa òrẹ́ mi.

3. Você não está com fome.
   Tú no estás con hambre.
   You are not hungry.
   Ebi kò pa ọ́.

4. Minha mãe me deu um osso.
   Mi madre me dio un hueso.
   My mother gave me a bone.
   Ìyá mi fún mi ni eegun.

5. Eu tenho uma ferida na cabeça.
   Yo tengo una herida en la cabeza.
   I have a wound on my head.
   Èmi ní ogbẹ́ lórí.

6. Eu quero que uma pessoa me compre um pão.
   Yo quiero que una persona me compre un pan.
   I want a person to buy a bread for me.

   Èmi fẹ́ ẹnikan láti rà bùrẹ́dì fún mi.

7. Meu pai não tem lucro.
   Mi padre no tiene ganancia (gano).
   My father has no profit.
   Bàbá mi kò ní èrè.

8. Eu vi uma estátua.
   Yo vi una estatua.
   I saw a statue.
   Èmí wò ère.

9. Ontem, eu vi um elefante.
   Yo vi um elefante ayer.
   I saw an elephant yesterday.
   Èmi rí ẹrin kan láná.

10. Qual é seu pensamento ou sua opinião?
    ¿Cuál es su critério o su opinión?
    What is your opinion about?
    Kini ìro re?

11. Meu carro é de cor cinza.
    Mi coche (carro) es de color gris.
    My car is gray.
    Ọkọ mi nì àwọ erú.

12. Ontem, eu fui à praia.
    Yo fui a la playa ayer.
    I went to the beach yesterday.
    Èmi lọ sí etí ọkun láná.

13. Esta folha é bonita.
    Esta hoja es bella.
    This leaf is beautiful.
    Ewé yí dára.

14. Eu não gosto de ter cabelos brancos.
    A mi no me gusta tener cabellos blancos.
    I do not like to have white hair.
    Èmi kò fẹ́ran irun funfun.

Obs.: *Rí:* ver e encontrar pessoas, animais, etc.
Wò: olhar e ver TV, cinema, etc.

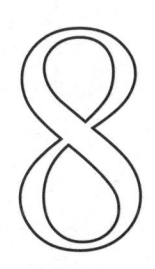

8 Lição Oito
Lección Ocho
Lesson Eight
Ẹ̀kọ́ Kẹ́jọ́

Vocabulário	Vocabulario	Vocabulary	Iwe Gbẹdẹgbẹ́yọ̀
Família	Familia	Family	Ebí, arailé, oobi
Presente	Regalo	Gift	Èbun
Ser humano	Ser humano	Human being	Ènia, ẹdá
Fígado	Hígado	Liver	Ẹ̀dọ̀
Mico	Mono muy pequeño	Capuchin monkey	Ẹdun
Dor de cabeça	Dolor de cabeza	Headache	Ẹ̀fọ́rí
Giz	Tiza	Chalk	Ẹfun ikòwé
Aipim	Yuca	Cassava	Ẹ̀gẹ́
Pulseira	Pulsera	Bracelet	Ẹ̀gba, idẹ
Lado	Lado	Side	Ẹ̀gbẹ́, ni, apá, lápá
Sociedade	Sociedad	Society	Ẹ̀bgẹ́
Atrás	Atrás	Behind	Ẹ̀hin
Pombo	Paloma	Dove, male pigeon	Ẹiyẹlé
Pavão	Pavo	Peacock	Ẹiyẹ okín
Peixe	Pescado	Fish	Ẹja

Obs.: *OOBI* – designa a família biológica.
Araile – Parentes, família de santo.

Sangue	Sangre	Blood	Ẹ̀jẹ̀
Processo judicial	Proceso judicial	Court case	Ẹjọ́
Galho de árvore	Retoño (vástago) de árbol	Branch of a tree	Ẹkà igi
Lição	Lección	Lesson	Ẹ̀kọ́
Choro	Lloro	Weep	Ìsọkún
Tigre	Tigre	Tiger	Ẹkùn
Criador	Creador	Creator	Ẹ̀lẹ́dà
Fofoca, conversa inútil	Charlatanería, hablador	Gossiper, chatterer	Òfófó, sọ̀rọ lásan
Testemunha	Testigo	Witness	Ẹlẹ́ri
Outra pessoa	Otra persona	Another person	Ẹlòmíràn
Coração	Corazón	Heart	Ọkan
Pessoa	Persona	Person	Ẹni, ènia
Amendoim	Maní	Peanut	Ẹ̀pà
Carne	Carne	Meat	Ẹran
Animal	Animal	Animal	Ẹranko
Riso	Risa	Smile	Ẹrín
Calmante	Calmante	Calming, sedative	Ẹrọ
Máquina	Máquina	Machine	Ẹ̀rọ
Escravo	Esclavo	Slave	Ẹrú
Medo	Miedo	Fear	Ẹ̀ru
Eu tive que rir	Yo tuve que reír	I had to laugh	Ẹ̀rin pa mí
Religião	Religión	Religion	Ẹ̀sin
Cavalo	Caballo	Horse	Ẹṣin
Direito	Derecho	Right	Ọ̀tún
Tribo	Tribu	Tribe	Ẹya
Vocês	Ustedes	You (plural)	Ẹ̀yin
Ovo	Huevo	Egg	Ẹyin

Exemplos de Como Formar Frases com Cada Vocabulário
Ejemplos de Como Formar Frases con Cada Vocabulario
Examples How to Build Sentences with Each Vocabulary

1. Eu dei um presente à minha esposa.
   Yo le di a mi esposa um regalo.
   I gave my wife a gift.
   Èmi fún ìyàwó mi nì ẹ̀bun.

2. Eu sou um ser humano.
   Yo soy un ser humano.
   I am a human being.
   Èmi jẹ́ ènia.

3. Eu gosto de comer fígado.
   Me gusta comer hígado.
   I like to eat liver.
   Mo fẹ́ran jẹ́ ẹran ẹ̀dọ̀.

4. Eu vi um mico em cima da árvore.
   Yo vi un mono pequeño arriba del árbol.
   I saw a capuchin monkey on the top of the tree.
   Èmi rí ẹdun kan lórí igi.

5. Eu tenho dor de cabeça.
   Yo estoy con dolor de cabeza.
   I have a headache.
   Orí nfọ́ mi. (Literalmente: Minha cabeça está quebrando.)

6. Você! Dê-me aquele giz.
   ¡Tú! Dame aquella tiza.
   You! Give me that chalk.
   Ẹ! fún mi ni ẹfun ìkọ̀wẹ́ yẹn.

7. Por favor, frite aipim para mim.
   Por favor, fríe yuca para mí.
   Please, fry cassava for me.
   Ẹ Jọ̀wọ́ dín ẹ̀gẹ́ fún mi.

8. Minha pulseira é de ouro.
   Mi pulsera es de oro.
   My bracelet is made of gold.
   Wúrà ni ẹ̀gba mi.

9. Ele está ao meu lado.
   Él está a mi lado.
   He is beside me.
   Òun wá ni ẹ̀gbẹ́ mi.

10. Eu não tenho sociedade.
    Yo no tengo sociedad.
    I do not have society.
    Èmi kò ni ẹ̀gbẹ́.*

11. Sente atrás de mim
    Siéntate detrás.
    Please, have a sit behind me.
    Jókó ẹ̀hìn mi.

12. Eu vi pombos na Cinelândia.
    Yo vi palomas en Cinelandia.
    I saw male pigeons at Cinelandia.
    Èmi rí àwọn ẹiyẹlé ni Cinelândia.

13. O pavão tem beleza.
    El pavo tiene belleza.
    The peacock has beauty.
    Ẹiyẹ ọkín lẹ́wà.

---

*N.A.: Se for sociedade no sentido de sócio – *Èmi kò ni alábapin.*

14. Quem não gosta de peixe?
    ¿A quién no le gusta el pescado?
    Who does not like fish?
    Tani kò fẹ́ran ẹja?

15. Caracóis não têm sangue.
    Los caracoles no tienen sangre.
    Snails don't have blood.
    Ẹ̀jẹ̀ kò sí ni ìgbín.

16. Eu vi um pássaro no galho da árvore.
    Yo vi un pájaro en el vástago (retoño) del árbol.
    I saw a bird on the branch of a tree.
    Èmi rí ẹiyẹ kan ni ẹkà igi.

17. Eu ensinarei a lição para você.
    Yo te voy a enseñar la lección.
    I will teach you a lesson.
    Ẹmi yio kọ́ ẹ̀kọ́ fun ọ.

18. Eu não gosto de fofoca.
    No me gusta la charlatanería.
    I do not like the gossip.
    Èmi kò fẹ́ran sòrọ lásan (conversa inútil).

19. Meu amigo é minha testemunha.
    Mi amigo es mi testigo.
    My friend is my witness.
    Ọ̀rẹ́ mi ni ẹlẹ́rí mi.

20. Eu quero outra pessoa aqui.
    Yo quiero outra persona aquí.
    I want other person here.
    Èmi fẹ́ níbi ẹ̀nia ẹlómíràn.

21. Os insetos têm coração.
    Los insectos tienen corazón.
    Insects have a heart.
    Kòkòrò ni ọ̀kan.

22. Eu quero uma pessoa aqui.
    Yo quiero una persona aquí.
    I want a person here.
    Èmi fẹ́ ẹnikan níbi.

23. A boca de meu amigo é muito grande.
    La boca de mi amigo es muy grande.
    My friend's mouth is very big.
    Ẹnu ọ̀rẹ́ mi tóbi púpọ̀.

24. Os indianos não gostam de carne de boi.
    A los indianos no les gusta la carne de buey.
    Indians do not like ox meat.
    Àwọn india kò fẹ́ran ẹran akọ màlùú.

25. Você é um animal.
    Tú eres un animal.
    You are an animal.
    Ìwọ nì ẹranko.

26. Eu tive que rir porque ele urinou nas calças.
    You tuve que reír, porque él orinó dentro del pantalón.
    I had to laugh, because he urinated in his trousers.
    Èmi ni láti rẹrin nitorípẹ́ òun itó sínpi ṣọ̀kọ̀tọ̀.
    Mo ti rẹ́rìn Torí ó to sínúu ṣọ̀kọ̀tọ̀.

27. Dê-me um calmante para dormir, por favor.
    Dame un calmante para dormir, por favor.
    Please, give me a sedative to sleep.
    Jọ̀wọ́ fún mi òógùn ẹ̀rọ láti sùn.
    Ẹ jọ̀wọ́ fún mi ni oògùn ẹ̀rọ láti sùn.

28. Eu não sou seu escravo.
    Yo no soy su esclavo.
    I am not your slave.
    Èmi kìí ṣe ẹ̀ru rẹ.
    Negativo de Jẹ́ = ser = Não ser
    Kìí ṣe = negativo de Jẹ́ = ser = No ser
    Negative of Jẹ́ = to be = not to be.

29. Eu não tenho medo de cobra.
    Yo no le tengo miedo a la serpiente.
    I am not afraid of the snake.
    Èmi kò ní ìbẹrù ejò.

30. Eu sou da tribo dos Yorùbá.
    Yo soy de la tribu de los Yorùbá.
    I belong to a Yorùbá tribe.
    Èmi nì ẹya Yorùbá.

31. Eu gosto de ovos cozidos.
    Me gustan los huevos cocidos.
    I like boiled eggs.
    Èmi fẹ́ran eyin sísè.

Observação	Observación	Observation	Akíyèsí
Ouro	Oro	Gold	Gólu (wúrà)
Caracol	Caracol	Snail	Ìgbín
Pássaro	Pájaro	Bird	Ẹiyẹ
Ensinar	Enseñar	To teach	Kọ́
Aqui	Aquí	Here	Níbi
Inseto	Insecto	Insect	Kòkòrò
Grande	Grande	Big, large	Tóbi
Boi	Buey	Ox	Malúù akọ
Dentro	Dentro	Inside	Nínú
Calças	Pantalones	Trousers	Ṣòkòtò
Remédio	Remedio	Medicine	Oògùn
Cobra	Serpiente	Snake	Ejò

Obs.: *Nítorí pe* – porque (iniciando frase); *Torí* – porque (no meio da frase).

9

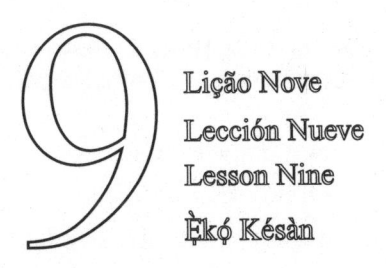

Lição Nove
Lección Nueve
Lesson Nine
Èkó Késàn

Ordem das Palavras na Frase
Orden de Las Palabras en La Frase
The Order of The Words in The Phrase

1. Quando uma frase em português começar por pronome acompanhado de substantivo, na tradução yorùbá o substantivo vem antes do pronome.

    Exemplo: Meu pai, como vai?
    Tradução: Bàbá mi, sé dáda nì?
                Bàbá mi, sé àláàfíà nì?

    Obs.: Pai é substantivo enquanto Meu é pronome.

1. Cuando una frase en español empieza por pronombre acompañado de sustantivo, en la traducción en yorùbá el sustantivo viene antes del pronombre.

    Ejemplo: Mi padre, ¿cómo va?
    Traducción: Bàbá mi, sé dáda nì?
                  Bàbá mi, ÿé àláàfíà nì?

    Obs.: Padre es substantivo mientras Mi es pronombre.

1. When a sentence in english begins with a pronoun and a noun, to a traslation to yorùbá, the noun comes before the pronoun.

    Example: Dady, how are you?
    Translation: Bàbá mi, sé dáda nì?
                  Bàbá mi, sé àláàfíà nì?

    Obs.: Father (Bàbá) is a noun while My (Mi) is a pronoun.

2. Quando uma frase em Yorùbá começar por um substantivo seguido de um pronome, na tradução para o português ocorrerá inversão.

    Exemplo: Seu nome é Mônica.

    Tradução: Orúkọ rẹ nì Mônica.

    Obs.: O pronome vem antes do substantivo.

2. Cuando una frase en yorùbá empieza por un sustantivo y un pronombre juntos, en la traducción para el español ocurrirá a la inversa.

    Ejemplo: Su nombre es Mónica.

    Traducción: Orúkọ rẹ nì Mónica.

    Obs.: El pronombre viene antes del substantivo.

2. When a sentence in yorùbá begins with a noun and a pronoun, for a translation to english the pronoun comes before the noun.

    Example: Your name is Monica.

    Translation: Orúkọ rẹ nì Monica.

    Obs.: The pronoun comes before the noun.

3. Quando uma frase em Yorùbá começar por dois substantivos e um pronome posposto, para se traduzir para o português se começa pelo primeiro substantivo e depois se aplica o exemplo 2, em que o pronome vem antes do segundo substantivo.

    Exemplo: O nome do meu pai é Ọmọlaje.

    Tradução: Orùko bàbá mi nì Ọmọlaje.

    Orùko (nome), primeiro substantivo.

    Bàbá (pai), segundo substantivo.

    Mi (meu), pronome que vem depois do segundo substantivo que é Bàbá.

3. Cuando una frase em Yorùbá empieza por dos sustantivos y un pronombre, para traducir al español, empezará por el sustantivo y después se aplica el ejemplo 2 en el cual el pronombre viene antes Del segundo sustantivo.

Ejemplo: El nombre de mi padre es Ọmọlaje.

Traducción: Orùko bàbá mi nì Ọmọlaje.

Orùkọ (nombre) primer sustantivo.

Bàbá (padre) segundo sustantivo.

Mi (mio) pronombre que viene después del segundo sustantivo que es Bàbá.

3. When a sentence in Yorùbá begins with two nouns and after the two nouns comes a pronoun, for a translation into english, you have to begin with the first noun and after you apply example 2 where the pronoun comes before the second noun.

Example: The name of my father is Ọmọlaje.

Translation: Orùkọ bàbá mi nì Ọmọlaje.

Orùkọ (name) first noun.

Bàbá (father) second noun.

Mi (my) pronoun that comes after the second noun which is bàbá.

4. Quando uma frase em yorùbá termina por um substantivo e com um pronome juntos, para se traduzir para o português, ao fim da frase, o pronome vem antes do substantivo.

Exemplo: Marlene quer ir para a casa da sua amiga.

Tradução: Marlene féé lọ sí ilé òré rè.

Rè (dela) pronome.
Òré (amiga) substantivo.

4. Cuando una frase en yorùbá termina en un substantivo y con pronombre juntos, para traducir al português, al fim de la frase, el pronombre viene antes del sustantivo.

Ejemplo: Marlene quiere ir para la casa de su amiga.

Traducción: Marlene féé lọ sí ilé òré rè.

Rè (su) pronombre.

Òré (amiga) sustantivo.

4. When a sentence in yorùbá ends with a noun and a pronoun, for a translation to english, the pronoun comes before the noun at the end of the sentence.

Example: Marlene wants to go to her friend's house.

Translation: Marlene féé lọ sí ilé ọré rẹ̀.

Rẹ̀ (su) pronombre.

Ọ̀rẹ́ (amiga) sustantivo.

5. Cuando una frase en español termina en un pronombre y un sustantivo juntos, para traducir al yorùbá, al fim de la frase, el sustantivo viene antes del pronombre.

Ejemplo: Marlene quiere ir para la casa de su amiga.

Traducción: Marlene féé lọ sí ilé ọ̀rẹ́ rẹ̀.

5. Quando uma frase em português termina com um pronome e um substantivo juntos, para se traduzir para o yorùbá, ao fim da frase, o substantivo vem antes do pronome (amiga dela).

Exemplo: Marlene quer ir para a casa da sua amiga.

Tradução: Marlene féé lọ sí ilé ọ̀rẹ́ rẹ̀.

5. When a sentence in english ends with a pronoun besides a noun, for a translating it to yorùbá, the noun comes before the pronoun at the end of the sentence.

Example: Marlene wants to go to the house of her friend.

Translation: Marlene féé lọ sí ilé ọ̀rẹ́ rẹ̀

rẹ – seu, sua, de você.

rẹ̀ – seu, sua, dele, dela.

10

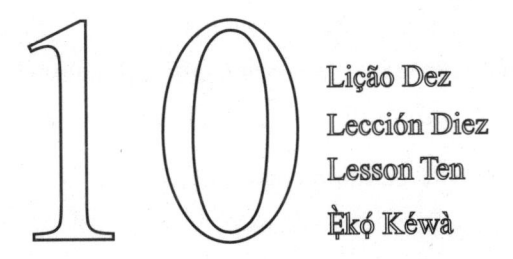

Lição Dez
Lección Diez
Lesson Ten
Èkọ́ Kẹ́wà

Vocabulário	*Vocabulario*	*Vocabulary*	*Iwe Gbẹdẹ̀gbẹ́yọ̀*
Raspar	Raspar	To scrape	Fá
Prata	Plata	Silver	Fàdákà
Ser calmo	Ser tranquilo	To be quiet	Farabalẹ̀
Raspar a cabeça	Raspar la cabeza	To scrape the head	Fári
Responder	Contestar	To answer	Fèsi, dáhùn
Apito	Pito	Whistle	Fèrè
Janela	Ventana	Window	Fèresé
Querer, amar	Querer, amar	To want, to love	Fẹ́
Desejar	Desear	To wish	Ìfẹ́, ìwu
Gostar	Gustar	To like	Féran
Tropeçar	Tropezar	To stumble	Sébú
Boné, chapéu	Sombrero	Cap, hat	Fìlà
Voar	Volar	To fly	Fò
Sofrer um colapso	Sufrir un colapso	To colapse	Fòṣánlẹ
Quebrar	Quebrar	To break	Fọ́
Lavar	Lavar	To wash	Fọ̀
Dar	Dar, regalar	To give	Fún
Branco(a)	Blanco(a)	White	Fúnfún

Exemplos de Como Formar Frases com Cada Vocabulário
Ejemplos de Como Formar Frases con Cada Vocabulario
Examples How to Build Sentences with Each Vocabulary

1. Eu raspei o cabelo da minha cabeça.
   Yo raspé el cabello de mi cabeza.
   I scraped the hair of my head.
   Èmi fá irum orí mi.

2. Eu tenho uma moeda de prata.
   Yo tengo una moneda de plata.
   I have a silver coin.
   Èmi ní owó fàdákà kan.

3. Eu não gosto de ser calmo.
   No me gusta ser tranquilo.
   I do not like to be quiet.
   Èmi kò fẹran farabalẹ.

4. Responda à minha pergunta.
   Contesta mi pregunta.
   Answer my question.
   Dáhùn ibèrè mi.

5. Eu tenho dois apitos.
   Yo tengo dos pitos.
   I have two whistles.
   Èmi ní fèrè méjì.

6. Minha casa tem quatro janelas.
   Mi casa tiene cuatro ventanas.
   My house has four windows.
   Ilé mi ní fèresè mẹ́rìn.

7. Eu gosto de você.
   Yo te quiero.
   I love you.
   Mo fẹ́ ẹ.

8. Minha esposa me beijou.
   Mi esposa me besó.
   My wife kissed me.
   Ìyáwò mi fi ẹ́nukonu.

9. Eu usei água quente para tomar banho.
   Yo usé agua caliente para tomar un baño.
   I used hot water to take a bath.
   Èmi fi omi gbígbóná wẹ̀.

10. Eu tropecei.
    Yo tropecé.
    I have stumbled.
    Èmi sébú.

11. Eu comprei um chapéu ontem.
    Yo compré un sombrero ayer.
    I bought one hat yesterday.
    Èmi rà filà kan láná.

12. Um avião está voando no céu.
    Un avión está volando en el cielo.
    A plane is flying on the sky.
    Ọ̀kọ́ ọ̀furufú nfò ni oju ọ̀run.

13. Meu amigo sofreu um colapso no hospital.
    Mi amigo sufrió un colapso en el hospital.
    My friend had a colapsed at the hospital.
    Ọ̀rẹ́ mi fòṣánlẹ̀ ni Ilé ìlera.

14. Meu pai quebrou meu prato.
    Mi padre quebro (rompió) mi plato.
    My father has broken my plate.
    Bàbá mi fọ́ àwo mi.

15. Eu quero ir lavar as roupas.
    Yo quiero ir a lavar las ropas.
    I want to go and wash the clothes.
    Mo fẹ́ẹ́ fọ aṣọ ou (fọṣọ)

16. Dê-me água, por favor.
    Dame agua, por favor.
    Please, give me some water.
    Ẹ jọ̀wọ́, fún mi ni omi.

17. A esposa do meu amigo é uma pessoa branca.
    La esposa de mi amigo es una persona blanca.
    My friend's wife is a white person.

    Eni fúnfún nì ìyáwò ọ̀rẹ́ mi.
    Àya ọ̀rẹ́ mi jẹ́ ènia fúnfún.

18. Meu amigo gosta de mulheres.
    A mi amigo le gustan las mujeres.
    My friend likes women.
    Ọ̀rẹ́ mi fẹ́ran àwọn obìnrin.

Obs.: FI = usar (verbo FI = transitivo), particularmente usado em algumas frases. Pode ser usado como: para, por, com, ou somente para ênfase.

Obs.: FI = usar (verbo FI = transitivo), particularmente usado en algunas frases. Puede ser usado con: para, por, con.

Obs.: FI = to use (verb FI = transitive), particulary used in some sentences. It can be used with to, for, with.

Vocabulário	*Vocabulario*	*Vocabulary*	*Iwe Gbẹdẹ̀gbẹ́yọ̀*
Cabeça	Cabeza	Head	Orí
Dois	Dos	Two	Méjì
Casa	Casa	House	Ilé
Quatro	Cuatro	Four	Mẹ́rìn
Água	Agua	Water	Omi
Tomar banho	Tomar baño	To take a bath	Wẹ̀
Quente	Caliente	Hot	Gbígbóná
Avião, aeroplano	Avión, aeroplano	Plane, airplane	Ọ̀kọ́ òfurufú
Céu	Cielo	Sky	Ojú òrún
Esposa	Esposa	Wife	Ìyáwò, Àya
Hospital	Hospital	Hospital	Ìlé ìlera (casa de saúde)
Prato	Plato	Plate	Àwo
Roupa	Ropa	Cloth	Aṣọ
Mulher	Mujer	Woman	Obìnrìn

11

Lição Onze
Lección Once
Lesson Eleven
Ẹ̀kọ́ Kòkánlá

Vocabulário	*Vocabulario*	*Vocabulary*	*Iwe Gbẹdẹ̀gbẹ́yọ̀*
Ser alto	Ser alto	To be tall, high	Ga, gíga
Realmente	Realmente	Really	Gan
Cortar	Cortar	To cut	Gé
Caneta	Pluma	Pen	Kálàmú
Turbante, torso	Turbante, tocado	Turban	Gèlè, òjà
Cortar o cabelo	Cortar el cabello	To cut one's hair	Gé irun
De acordo com	De acuerdo com	According to	Gẹ́gẹ́bí
Cabeleireiro	Peluquero	Hairdresser, coiffeur	Gẹ́rúngẹ́rún ou Ilé iṣerun
Ser comprido	Ser largo, extenso	To be long	Gùn
Ouro	Oro	Gold	Gọ́lu ou Wúrà
Burro	Burro, asno	Stupid	Gọ̀
Pipoca	Rosita de maíz	Popcorn	Gúgúrú duburu
Subir	Subir	To climb	Gùn
Receber, pegar	Recibir, agarrar	To accept, to take, to hold	Gbà
Varrer, limpar	Barrer, limpiar	To sweep, to clean	Gbálẹ̀
Acreditar, Confiar	Creer, confiar	To believe, to trust	Gbẹ́kẹ̀lé

– 98 –

Escultor	Escultor	Sculptor, carver	Gbḗnàgbḗnà, Onişọ̀na
Vingar	Vengar	To revenge	Gbẹ̀san
Plantar	Plantar	To plant	Gbìn
Tentar	Intentar	To try	Gbìdánwò
Todo, todos	Tudo, todos	All, everything, everybody	Gbogbo
Ser quente	Ser caliente	To be hot	Gbóná
Escutar, ouvir	Escuchar, oír	To listen, to hear	Gbọ́
Dever, ousar	Deber, osar	Must, to dare	Gbọ́dọ̀
Ser sábio, prudente	Ser sabio	To be wise	Gbọ́n
Obedecer	Obedecer	To obey	Gbọ́ràn
Ter notícias	Tener noticias	News te receive a notice,	Gbúro
Ameaçar	Amenazar	To threat	Ìlọ́, dẹrùba
Roncar	Roncar	To snore	Hànrun
Comportar-se	Comportarse	To behave oneself	Hùwà
Entender-se	Entenderse	To understand	Gbédè, yé
Corpo humano	*Cuerpo humano*	*Human body*	*Ara ènia*
Cabeça	Cabeza	Head	Orí
Cabelo	Cabello, pelo	Hair	Irun
Olho	Ojos	Eyes	Ojú
Nariz	Nariz	Nose	Imú
Boca	Boca	Mouth	Ẹnu

Lábio	Labio	Lip	Ètè
Testa	Testa (frente)	Forehead	Iwájú orí
Dente	Diente	Tooth	Ehín
Língua	Lengua	Tongue	Ahọ́n
Queixo	Mentón, barbilla	Chin	Àgbọ̀n
Pescoço	Cuello	Neck	Ọ̀rùn
Ouvido	Oído	Ear	Etí
Pulso	Pulso	Wrist	Ọ̀rùn ọwọ́
Ombro	Hombro	Shoulder	Èjìká
Braço	Brazo	Arm	Apá
Mão	Mano	Hand	Ọ́wọ́
Peito	Pecho	Chest	Àiya
Estômago	Estómago	Stomach	Inú ou Agbẹ̀bù
Costas	Espalda	Back	Ẹhin
Joelho	Rodilla	Knee	Orúnkún
Coxa	Muslo	Thigh	Itan
Pênis	Pene	Penis	Okó
Vagina	Vagina	Vagina	Òbo
Umbigo	Ombligo	Navel	Ìdódò
Perna	Pierna	Leg	Itan
Nádega	Nalga, trasero	Buttock	Ìdi
Unha	Uña	Finger nail, toe nail	Èèkánná
Tornozelo	Tobillo	Ankle	Ọ̀rùn ẹsẹ̀
Seio	Seno	Breast	Ọ̀mù
Dedo	Dedo	Finger	Ìka

Exemplos de Como Formar Frases Com Cada Vocabulário
Ejemplos de Como Formar Frases Con Cada Vocabulario
Examples How to Build Sentences With Each Vocabulary

1. Meu amigo é uma pessoa alta.
   Mi amigo es una persona alta.
   My friend is a tall person.
   Ọrẹ́ mi nì ènia gíga.

2. Eu realmente gosto de você.
   En realidad tú me gustas.
   You really like me.
   Mo fẹ́ran yín dájudáju.

3. Você vai cortar seu cabelo?
   ¿Tú irás a cortarte el pelo? ¿ Vos iréis a cortar el pelo?
   Are you going to have your hair cut?
   Ṣé o lọọ gérun rẹ?

4. Dê-me sua caneta.
   Dame tu pluma.
   Give me your pen.
   Fún mi ni kálàmù rẹ.

5. Eu gosto deste turbante.
   Me gusta este turbante.
   I like this turban.
   Èmi fẹ́ran gèlè yí.

6. Eu quero ir cortar aquela árvore.
   Yo quiero ir a cortar aquel árbol.
   I want to go and cut that tree.
   Èmi lọọ gé igi yẹn

7. Eu estou cantando como Frank Sinatra.
   Yo estoy cantando como Frank Sinatra.
   I am singing as Frank Sinatra.
   Èmi nkọrin gẹ́gẹ́bí Frank Sinatra.

8. Meu amigo é um cabeleireiro.
   Mi amigo es un peluquero.
   My friend is a coiffeur.
   Gẹrúngẹ́rún nì ọ̀rẹ́ mi.

9. Aquela cobra é muito comprida.
   Aquella serpiente es muy larga.
   That snake is very long.
   Ejò yẹn gùn púpọ̀.

10. Eu tenho ouro.
    Yo tengo oro.
    I have gold.
    Èmi ní gọ́lù.

11. Você é burro.
    Tú eres un asno.
    You are stupid.
    Ìwọ gọ̀.

12. Eu gosto de pipoca.
    Me gusta la rosita de maíz.
    I like popcorn.
    Èmi fẹ́ran gúgúrú.

13. Eu quero subir em uma árvore.
    Yo quiero subir a un árbol.
    I want to climb a tree.
    Èmi fẹ́ gùn igi.

14. Recebe este dinheiro.
    Reciba este dinero.
    Please, receive or accept this money.
    Gbà owó yí.

15. Vá varrer o chão.
    Va a barrer el piso.
    Please, go and sweep the floor.
    Lọọ gbá ilẹ̀ – Ma lọọ gbálẹ̀.

16. Eu quero que você acredite em mim.
    Yo quiero que tú creas en mi.
    I want you believe me.
    Èmi fẹ́ kí o gbẹ́kẹ̀lé mi.

17. Meu pai é escultor.
    Mi padre es escultor.
    My father is a sculptor.
    Gbẹ́nàgbẹ́nà nì bàbá mi – Bàbá mi nì gbẹ́nàgbẹ́nà

18. Eu não gosto de vingança.
    No me gusta la venganza.
    I do not like the revenge.
    Èmi kò fẹ́ràn gbèsan.

19. Eu quero ir plantar milho.
    Yo quiero ir a plantar maíz.
    I want to go and plant corn.
    Èmi fẹ́ẹ́ lọ gbìn àgbàdo.

20. Eu tentarei te ver.
    Yo intentaré verte.
    I will try to see you.
    Èmi yio lọ gbìdán wó riẹ.

21. Eu quero todos vocês aquí.
    Yo quiero a todos aqui.
    I want all of you here.
    Èmi fẹ́ gbogbo yín níbí.

22. Esta água está quente.
    Esta agua está caliente.
    This water is hot.
    Omi yí gbóná.

23. Será que você entendeu?
    ¿Seguro que me comprendiste?
    Did you understand me?
    Njé ìwọ gbẹ́dè?

24. Você não deve ir.
    Tú no debes ir.
    You must not go.
    Ìwọ kò gbọ́dọ̀ lọ.

25. Você não é sábio.
    Tú no eres sábio.
    You are not wise.
    Ìwọ kò gbọ̀n.

26. Ele não me obedeceu.
    Él no me obedeció.
    He did not obey me.
    Kò gbọ́ràn.

Vocabulário	Vocabulario	Vocabulary	Iwe Gbẹdẹ̀gbẹ́yọ̀
Espingarda, pistola	Rifle, pistola	Shotgun, riffle, gun	Ìbọn
Cama	Cama	Bed	Ìbùsùn
Espada	Espada	Sword	Idà
Detenção	Detención	Detention	Ìdáduro
Demora	Demora	Delay	Ìdàduro
Obstáculo	Obstáculo	Obstacle	Ìdáduro
Metade	Mitad	Half	Ìdájí
Julgamento	Decisión, sentencia	Judgement	Ìdájọ́
Confusão	Confusión	Confusion	Ìdàrúdàpọ́
Parada de ônibus	Parada de autobús	Bus stop	Ìdíkọ̀
Larva	Larva	Larva	Ìdin
Deus da adivinhação	Dios de adivinanza	God of divination	Ifá
Copo	Vaso	Glass	Ife
Copo d'água	Vaso de água	Glass of water	Ife omí
Intestino	Intestino	Intestine	Ìfun
Garrafa	Botella	Bottle	Ìgo

Obs.: Pronome pessoal da 3ª pessoa do singular não é usado na forma negativa.

Inverno	Invierno	Winter	Ìgbà òtútù
Vassoura	Escoba	Broom	Ìgbálẹ̀
Grito	Grito	Scream, yell, cry	Igbe, (kígbe – gritar v.)

27. Será que você recebeu notícias da sua amiga?
    ¿Seguro que tú recibiste noticias de tu amiga?
    Did you receive some news from your friend?
    Ṣé o gbúro ọ̀rẹ́ rẹ?

28. Eu não gosto de ameaças.
    No me gustan las amenazas.
    I do not like threatens.
    Èmi kò féràn idẹ̀rùba.

29. Minha esposa costuma roncar.
    A mi esposa le gusta roncar.
    My wife likes to snore.
    Ìyáwò mi ó wáa hànrun.

30. Eu quero que você se comporte na casa do meu amigo.
    Yo quiero que tú te comportes en la casa de mi amigo.
    I want you to act well at my friend's house.
    Mo fẹ́ kí o hùnwà dára púpò ni lé ọ̀rẹ́ mi.

12

Lição Doze
Lección Doce
Lesson Twelve
Ẹ̀kọ́ Kéjilá

Vocabulário	Vocabulario	Vocabulary	Iwe Gbẹdẹ̀gbẹ́yọ̀
Ter febre ou estar com febre	Tener fiebre o estar con fiebre	To have fever	Ibà
Tristeza	Tristeza	Sadness	Ìbanújẹ́
Raiva, zangado, aborrecido	Rabia	Anger	Ìbínu
Gêmeos	Gemelos	Twins	Ibéjì
Mamão	Papaya	Papaya	Ìbẹ́pẹ
Investigação ou pesquisa	Investigación o pesquisa	Investigation or research	Ìbẹ́wọ̀
Nascimento	Nacimiento	Birth	Ìbí
Sombra	Sombra	Shadow	Ìbòji òjìji
Cemitério	Cementerio o campo santo	Cemetery	Ilé ikú ènia, ilé okú
Xale	Chal, mantón	Shawl	Ìborùn
Débito	Débito, deuda	Debt	Ìgbèsè
Casamento	Boda, casamiento	Wedding	Ìgbéìyàwó
Briga	Pelea	Fight	Ìjà
Acidente, desastre	Accidente, desastre	Accident	Ìjábà
Anteontem	Anteayer	Day before	Ìjẹ́ta, nijẹ́tà
Dança	Danza	Dance	Ijó

– 106 –

Lição Doze

Chefe	Jefe	Chief	Ìjoyè, ògá
Governo	Gobierno	Government	Ìjoba
Governo Federal	Gobierno Federal	Federal Government	Ijoba Àpapò
Outro dia (dia seguinte)	Otro día	The other day	Ijósí
Pessoa má	Persona mala	Bad person	Ènia burú
Panela	Cacerola, olla	Pot, pan	Ìkokò
Pote d'água	Pote, tarro	Pot of water	Ìkokò omi
Tosse	Tos	Cough	Ikó
Morte	Muerte	Death	Ìkú, òkú (cadáver)
Quiabo	Quimbombó	Okra	Ilá
Cicatriz	Cicatriz	Scar	Ilà
Leste	Este	East	Ìlà oòrùn
Casa	Casa	House, home	Ilé
Escola	Escuela	School	Ilé èkó
Cozinha	Cocina	Kitchen	Ilé ìdáná
Casa de saúde	Casa de salud	Health house	Ilé ìlera
Hospital	Hospital	Hospital	Ilé iwosàn
Loja	Tienda	Shop, store	Ilé ojà, ilénírà
Igreja	Iglesia	Church	Ilé Olórun
Boate, baile	Night club	Night club, party	Ilé ijó
Saúde	Salud	Health	ìlera
Chão	Piso	Floor	Ilè
Porta	Puerta	Door	Ìlèkùn

Portuguese	Spanish	English	Yorùbá
Banheiro	Baño, cuarto de baño	Toilet, waterclose	Ilé ìtọ, balúwẹ̀
Tambor	Tambor	Drum	Ìlù
Cidade	Ciudad	City	Ìlú
Força	Fuerza	Force	Ipá, agbára
Reunião	Reunión	Meeting	Ìpàdé
Fim	Fin	The end	Ìparí, òpin, pin
Promessa	Promesa	Promise	Ìpinnu
Lembrança	Recuerdo	Memory	Ìránti
Cana-de-açúcar	Caña de azúcar	Sugar cane	Ìrẹkẹ́
Harmonia	Armonía	Harmony	Ìrẹ́pọ
Esperança	Esperanza	Hope	Ìretí
Arroz	Arroz	Rice	Ìrẹsì
Ferro	Hierro	Iron	Irin
Mentira	Mentira	Lie	Iró
Travesseiro	Almohada	Pillow	Ìròrí
Rabo	Rabo	Tail	Ìrù
Tipo	Tipo	Type	Irú
Cabelo	Pelo, cabello	Hair	Irun
Túmulo	Tumba, mausoleo	Grave	Isà-òkú
Férias, descanso	Días feriados	Holiday	Ìsimi
Enterro, culto da morte	Entierro, sepultamiento	Burial	Ìsinkú
Trabalho	Trabajo	Job	Iṣẹ́
Minuto	Minuto	Minute	Ìṣéjú
Prego	Clavo	Nail	Ìṣó
Cará	Ñame	Yam	Iṣu

História	Historia	History	Ìtàn
Ninho	Nido	Nest	Ìté
Perto	Cerca	Near	Ìtòsí
Urina	Orina, micción	Urine	Ìtọ
Ter caráter	Tener carácter	To have character	Ìwà
Pesquisa	Pesquisa	Research	Iwádi
Moela	Molleja	Gizzard	Iwe
Livro	Libro	Book	Ìwé
Chifre	Cuerno, asta	Horn	Ìwo
Oeste	Oeste	West	Ìwọ́ oọ̀rùn
Sofrimento	Sufrimiento	Suffering	Ìyà
Primeira esposa	Primera esposa	First wife	Ìyálé
Surpresa	Sorpresa	Surprise	Ìyalẹ́nu
Seca	Sequía	Drought	Ọgbẹlẹ̀, ọ́dá
Areia	Arena	Sand	Yanrìn
Quarto de dormir	Cuarto de dormir	Bedroom	Iyàrá
Pente	Peine	Comb	Iyàrí, òòyà
Esposa	Esposa	Wife	Ìyàwó, àya
Sal	Sal	Salt	Iyọ
Encrenca	Complicación	Trouble	Ìyọnu

Exemplos de Como Formar Frases com Cada Vocabulário
Ejemplos de Como Formar Frases con Cada Vocabulario
Examples How to Build Sentences with Each Vocabulary

1. Eu estou com febre.
   Yo estoy con fiebre.
   I have fever.
   Ibà nṣe mi.

2. Eu não gosto de tristeza.
   No me gusta la tristeza.
   I do not like sadness.
   Èmi kò fẹ́ran ìbanújẹ́.

3. Gêmeos são eles – Eles são gêmeos.
   Gemelos son ellos – Ellos son gemelos.
   Twins they are – They are twins.
   Àwọn nì ìbéjì.

4. Ele gosta de mamão.
   Le gusta la papaya.
   He likes papaya.
   Òun fẹ́ran ìbẹ́pẹ̀.

5. Eu quero ir fazer a pesquisa.
   Yo quiero hacer la pesquisa.
   I want to go and do some research.
   Èmi lọọ ṣe ibẹ̀wọ̀.

6. Quando é o seu aniversário?
   ¿Cuándo es tu cumpleaños?
   When is your birthday?
   Nígbàwo lójọ́ ibi rẹ?

7. Eu estou olhando sua sombra.
   Yo estoy mirando su sombra.
   I am looking at your shadow.
   Èmi nwò ìbòji rẹ.

8. Você foi para o cemitério ontem?
   ¿Tú fuiste para el cementerio ayer?
   Did you go to the cemetery yesterday?
   Ìwọ lọ sí ilé ikú láná? – Ìwọ lọ sílé ikú ẹnia láná?

Obs.: A maneira de expressar emoções é diferente da nossa. Geralmente, a pessoa não é o sujeito do verbo.

9. O xale de minha mãe é bonito.
   El chal de mi madre es bello.
   My mother's shawl is beautiful.
   Ìborùn Ìyá mi dára.

10. Lawrence não gosta de raiva.*
    A Lawrence no le gusta la rabia.
    Lawrence does not like the rage.
    Lawrence kò fẹ́ràn ìbínú.

11. Ele tem uma pistola.
    Él tiene una pistola.
    He has a pistol.
    Òun ní ìbọn kan.

12. Em nossa casa há quatro camas.
    En nuestra casa hay cuatro camas (lechos).
    In our house there are four beds.
    Ilé wa wà ìbùsùn mẹ́rìn.

13. Meu amigo tem uma espada.
    Mi amigo tiene una espada.
    My friend has a sword.
    Ọrẹ́ mi ní idá kan.

14. Meu amigo está detido.
    Mi amigo está detenido (prisionero).
    My friend is in prision.
    Ọ̀rẹ́ mi wà ní ìdáduro.

---

*N.A.: *Bínú* é uma palavra composta de *bi nínú* – estar podre por dentro.
Inú bi mi – Estou zangado. Certas expressões não podem ser feitas em yorùbá.
Wà – "Ter" no sentido de existir, haver, ser.
Ní – "Ter" no sentido de possuir.

15. Dê-me a metade de sua comida.
    Dame la mitad de tu comida.
    Give me half of your food.
    Fún mi ni ìdaji onję rę.

16. Meu pai foi para o lugar do julgamento.
    Mi padre fue para el sitio del juicio.
    My father went to the court.
    Bàbá mi lọ sí ibi idájọ́.

17. Nós não gostamos de confusão.
    No nos gusta la confusión.
    We do not like confusion.
    Àwa kò fẹ́ran ìdàrúdàpọ̀.

18. Suas nádegas são muito grandes.
    Sus nalgas son muy grandes.
    Your buttocks are very big.
    Ìdí rẹ tóbi púpọ̀.

19. Eu esperarei na parada de ônibus amanhã.
    Yo esperaré en la parada del autobús mañana.
    I will wait at the bus stop tomorrow.
    Èmi yio lọ dúró ni ìdíkọ̀ lọ́la.

20. Teu umbigo é muito grande.
    Tu ombligo es muy grande.
    Your navel is very big.
    Ìdódó rẹ tóbi púpọ̀.

21. Dê-me um copo d'água.
    Dame un vaso de água.
    Give me a glass of water.
    Fún mi ni ife omí.

22. Eu te amo.
    Yo te amo.
    I love you.
    Èmi fẹ́ ẹ.

23. Teu peito é grande.
    Tu pecho es grande.
    Your chest is large.
    Àiya rẹ tóbi. (Se for seios – Ọmú.)

24. Eu vi uma árvore alta.
    Yo vi un árbol alto.
    I saw a tall tree.
    Èmi rí igi giga kan.

25. Dê-me duas garrafas de cerveja.
    Dame dos botellas de cerveza.
    Give me two bottles of beer.
    Fún mi ni ìgo bíà méjì.

26. Você gosta de inverno?
    ¿Te gusta el invierno?
    Do you like the winter?
    Ṣé ìwọ fẹ́ran ìgbà òjò? (tempo de chuva)

27. Eu usei vassoura para varrer o chão.
    Yo usé la escoba para barrer el piso.
    I used a brow to sweep the floor.
    Èmi fi ìgbálè láti gbá ilè.

28. Eu não gosto de dívidas.
    No me gustan las deudas.
    I do not like debts.
    Èmi kò fẹ́ran ìgbèsè.

29. Eu fui ao casamento.
    Yo fui a la boda.
    I went to a wedding.
    Èmi lọ sì ìgbéìyàwọ́.

30. Vá tapar aquele buraco.
    Va a tapar el bache (cueva).
    Go and cover that pit.
    Lọ dí ihò yẹn.

31. Eu não gosto de brigas.
    No me gustan las disputas (peleas).
    I do not like fights.
    Èmi kò fẹ́ran ìjà.

32. Eu vi um acidente em Copacabana.
    Yo vi un accidente en Copacabana.
    I saw an accident in Copacabana.
    Èmi rí ìjábà ni Copacabana.

33. Eu te vi anteontem.
    Yo te vi anteayer.
    I saw you the day before yesterday.
    Èmi rí ìwọ níjẹ́ta.

34. Ela gosta de dançar.
    Le gusta bailar.
    She likes to dance.
    Òun fẹ́ràn jó.

35. Meu pai é chefe.
    Mi padre es jefe.
    My father is a chief.
    Ìjoyè ni Bàbá mi.

36. Você é uma pessoa má.
    Tú eres una persona mala.
    You are a bad person.
    Iwọ nì ènia burú.

37. Eu não gosto de tosse.
    No me gusta la tos.
    I do not like cought.
    Èmi kò fẹ́ràn ikọ́.

38. A morte não é boa.
    La muerte no es buena.
    Death is not good.
    Ìkú kò dára.

39. Você gosta de quiabo?
    ¿Te gusta el quimbombó?
    Do you like okra?
    Ṣé ìwọ fẹ́ràn jẹ ilá?

40. Não existe marca no meu rosto.
    Yo no tengo cicatriz en mi rostro.
    I do not have a scar on my face.
    Kìí ṣe ilà ni ojú mi.

41. Minha casa é grande.
    Mi casa es grande.
    My house is large.
    Ilé mi tóbi.

42. O nome de minha escola é Pedro II.
    El nombre de mi escuela es Pedro II.
    The name of my school is Pedro II.
    Orúkọ ilé ẹ̀kọ́ mi nì Pedro II.

43. O nome do meu banco é...
    El nombre de mi banco es...
    The name of my bank is...
    Orúkọ bánkì mi nì... – Orúkọ ilé owó mi ni...

44. Eu não gosto de cozinha.
    No me gusta la cocina.
    I do not like the kitchen.
    Èmi kò fẹ́ràn ilé ìdáná.

45. O nome de minha loja é Yorubana.
    El nombre de mi tienda es Yorubana.
    The name of my shop is Yorubana.
    Orúkọ ilé ọjà mi nì Yorubana.

46. Quem não gosta de boate?
    ¿A quién no le gusta un night club?
    Who does not like a night club?
    Tani kò fẹ́ràn ilé-ijó?

47. Eu tenho saúde.
    Yo tengo salud.
    I am healty.
    Èmi ní ìlera.

48. Feche a porta!
    ¡Cierra la puerta!
    Close the door!
    Tìlẹ̀kùn.

49. Eu estou indo à toalete.
    Yo estoy yendo al lavabo.
    I am going to the toilet.
    Èmi nlọ sílé itọ́.

50. Bémbé é o tambor de Ògún.

    Bémbé es el tambor de Ògún.

    The drum of the god of iron is Bémbé.

    Bẹ́mbẹ́ jé ìlù Ògún.

51. O nome de minha cidade é Iléṣà.

    El nombre de mi ciudad es Iléṣà.

    The name of my town is Iléṣà.

    Orúkọ ìlú mi nì Iléṣà.

52. Eu estou indo para a reunião.

    Yo estoy yendo para la reunión.

    I am going to the meeting.

    Èmi nlọ fún ìpàdé.

53. Meu amigo não se lembrou de mim.

    Mi amigo no se acordó de mí.

    My friend did not remember me.

    Ọ̀rẹ́ mi kò ránti mi.

54. Eu não gosto de cana-de-açúcar.

    No me gusta la caña de azúcar.

    I do not like sugar cane.

    Èmi kò fẹ́ran ìreké.

55. Há harmonia em nossa casa.

    Hay armonía en nuestra casa.

    There is harmony in our house.

    Ìrẹ́pọ̀ wà nílé wa.

56. Eu tenho esperança de ter dinheiro.

    Yo tengo esperanza de tener dinero (plata).

    I have hope that I will have money.

    Èmi ní ìrẹ́tí wipe èmi yio lọ lówó.

57. Eu não gosto de arroz.
    No me gusta el arroz.
    I do not like rice.
    Èmi kò fẹ́ran irẹsì.

58. Eu não gosto de mentiras.
    No me gustan las mentiras.
    I do not like lies.
    Èmi kò fẹ́ran irọ́.

59. Eu quero um travesseiro.
    Yo quiero una almohada.
    I want a pillow.
    Èmi fẹ́ irọ́rí.

60. Qual o tipo de comida de que você gosta?
    ¿Cuál es el tipo de comida que te gusta?
    What kind of food do you like?
    Irú onjẹ wo ni ìwọ féràn?

61. Minha esposa tem o cabelo comprido.
    Mi esposa tiene el cabello (pelo) largo.
    My wife has long hair.
    Ìyàwò mi ní irun gígùn.

62. Eu estarei de férias amanhã.
    Yo estaré de vacaciones mañana.
    I will be on holidays tomorrow.
    Èmi yio lọ ìsimi lọ́la.

63. Eu fui ao enterro.
    Yo fui al entierro.
    I went to the burial.
    Èmi lo sí ìsinkú.

64. Eu gosto de trabalhar.
    Me gusta trabajar.
    I like to work.
    Èmi fẹ́ràn ṣíṣẹ́.

65. Eu gosto de cará.
    Me gusta el ñame.
    I like yam.
    Èmi fẹ́ran iṣu.

66. Minha coxa é grande.
    Mi muslo es largo.
    My thigh is large.
    Itan mi tóbi.

67. Você não conhece a história do yorùbá.
    Tú no conoces la historia del yorùbá.
    You don't know the history of yorùbá.
    Ìwọ kò mọ̀ ìtàn Yorùbá.

68. Teu caráter não é bom.
    Tu carácter no es bueno.
    Your character is not good.
    Ìwà rẹ kò dára.

69. Eu não gosto de moela.
    No me gusta la molleja.
    I do not like gizzard.
    Èmi kò fẹ́ran jẹ iwe.

70. Meu primeiro livro é sobre a história do yorùbá.
    La historia del yorùbá es mi primer libro.
    The history of yorùbá is my first book.
    Ìwe kínní mi nipa ìtàn Yorùbá.

71. Eu não tenho chifre na minha cabeça.
    Yo no tengo cuerno en mi cabeza.
    I do not have forn on my head.
    Èmi kò ní ìwo lórí mi.
72. A primeira esposa dele é minha mãe.
    La primera esposa es mi madre.
    The first wife is my mother.
    Àya kínnírẹ̀ ìyá mi.
73. Eu não gosto de seca.
    No me gusta la sequía.
    I do not like the drought.
    Èmi kò fẹ́ràn ọ̀dá omi.
74. Minha casa tem quatro quartos.
    Mi casa tiene cuatro cuartos.
    My house has four bedrooms.
    Ilé mi ní iyàrá mẹ́rìn.
75. Eu não quero problemas/encrencas.
    Yo no quiero complicaciones.
    I do not want troubles.
    Èmi kò fẹ́ ìyọnu.

13

Lição Treze
Lección Trece
Lesson Thirteen
Èkọ́ Kétàlá

Vocabulário	Vocabulario	Vocabulary	Iwe Gbẹdẹ̀gbẹ́yọ̀
Arrancar	Arrancar	To tear	Já
Brigar, lutar	Pelear	To fight	Jà
Sair	Salir	To leave, to go	Jáde
Ser ativo	Ser activo, dinámico	To be active	Jáfáfá
Roubar	Robar	To steal	Jalè, jí
Comer	Comer	To eat	Jẹ
Ganhar na loteria	Ganar la lotería	To win a lottery	Jẹ tẹ́tẹ́
Ser	Ser	To be	Jẹ́
Permitir	Permitir	To allow	Jẹ́kí
Comer comida	Comer comida	To eat food	Jẹun
Confessar	Confesar	To confess, to ownop	Jẹ́wọ́
Espelho	Espejo	Mirror	Dígí
Estar longe	Estar lejos	To be far	Jinnà
Discutir	Discutir	To argue	Jiyàn
Dançar	Bailar	To dance	Jó
Sentar	Sentar	To sit	Jóko
Por favor	Por favor	Please	Jọ̀wọ́
Jogar, atirar	Arrojar, tirar	To throw	Jù, gbá

Respeitar	Respetar	To respect	Júbà, ọ̀wọ̀
Acenar com a mão	Hacer ademanes	To wave the hand	Juwọ́

Exemplos de Como Formar Frases com Cada Vocabulário
Ejemplos de Como Formar Frases con Cada Vocabulario
Example How to Build Sentences with Each Vocabulary

1. Você não deve rasgar meu livro.
   Tú no debes arrancar mi libro.
   You must not tear my book.
   Ìwo kò gbọ́dọ̀ jà ìwé mi.

2. Você não deve brigar com seu amigo.
   Tú no debes pelear con tu amigo.
   You must not fight with your friend.
   Ẹ Jọ̀wọ́, ìwọ kò gbọ́dọ̀ jà pẹ̀lú ọ̀rẹ́ rẹ.

3. Por favor, saia da minha casa.
   Por favor, salga de mi casa.
   Please, get out of my house.
   Ẹ jọ̀wọ́ jáde lọ nílé mi.

4. Aquela criança é ativa.
   Aquel chico es activo.
   That child is active.
   Ọmọdẹ́ yẹn jáfáfá.

5. Você não deve roubar.
   Tú no debes robar.
   You must not steal.
   Ìwọ kò gbọ́dọ̀ jalè.

6. Eu ganhei na loteria.
   Yo gané en la lotería.
   I won a lottery.
   Èmi jẹ́ tẹ́tẹ́.

7. Por favor, deixe-me entrar.
   Por favor, déjame entrar.
   Please, let me to enter.
   Ẹ jọwọ́ jẹ́kí mi wọlé.

8. Eu sou professor.
   Yo soy profesor.
   I am a teacher.
   Èmi jẹ́ olùkọ́ – Èmi ni òlúkọ́.

9. Eu vou comer.
   Yo voy a comer.
   I am going to eat.
   Èmi nlọ jẹun.

10. Venha comer.
    Venga a comer.
    Come and eat.
    Ẹ wá jẹun.

11. Confesse teu pecado.
    Confiesa tu pecado.
    Confess your sin.
    Jẹ́wọ́ èsẹ́ rẹ.*

12. Meu amigo roubou.
    Mi amigo robó.
    My friend stole something.
    Ọ̀rẹ́ mi jalè.

13. Meu amigo roubou meu dinheiro.
    Mi amigo robó mi dinero.
    My friend stole my money.
    Ọ̀rẹ́ mi ó jí owó mi.

14. Eu não tenho espelho.
    Yo no tengo espejo.
    I do not have a mirror.
    Èmi kò ní dígí.

---

*N.A.: *Jẹ́wọ́* = *jẹ* – comer; *ewọ* – proibição.

15. Nova Iguaçu é distante.
    Nova Iguaçu es lejano, distante, apartado.
    Nova Iguaçu is far away.
    Ìlù Nova Iguaçu ó jìnnà.

16. Eu não quero discutir com você.
    Yo no quiero discutir (debatir) contigo.
    I do not want to argue with you.
    Èmi kò fẹ́ jiyàn nílé ẹ.

17. Eu quero ir dançar na boate.
    Yo quiero ir a bailar al night club.
    I want to go and dance at the night club.
    Èmi fẹ́ẹ́ lọ jó nílé ijó.

18. Sente-se aqui.
    Siéntese aquí.
    Sit down here.
    Ẹ jóko níbí.

19. Por favor, jogue aquela bola para mim.
    Por favor, tíreme aquella pelota.
    Plaese throw me that ball.
    Ẹ jọ̀wọ́ gbá bọ́lù yẹn fún mi.

20. Você deve respeitar sua mãe.
    Tú debes respetar a tu madre.
    You must respect your mother.
    Ìwọ gbọ́dọ̀ ọ̀wọ̀ ìyá rẹ.

21. Eu acenei com a mão para você ontem.
    Yo hice ademanes (señales) con la mano para ti ayer.
    I waved to you yesterday.
    Èmi juwọ́ sí o láná.

14

Lição Quatorze
Lección Catorce
Lesson Fourteen
Ẹ̀kọ́ Kẹ́rìnlá

Vocabulário	Vocabulario	Vocabulary	Iwe Gbẹdẹ̀gbẹ́yọ̀
Ler, contar	Leer, contar	To read, to count	Kà, kàwé
Saia	Falda (pollera)	Skirt	Kàbà, irò
Destino	Destino	Destiny	Kàdárà, odù
Bater (porta)	Golpear	To knock	Kàn, kàn ìlẹ̀kùn
Amargo, azedo	Amargo	Bitter	Kàn, wẹwẹ
Antes	Antes	Before	Kíotó, ṣaju
Mesmo	Mismo	The same	Kánnà, ọ̀kanná
Claro	Claro	Clear	Kedere
Pequeno	Pequeño	Little, small	Kékeré, kéré
Ser pequeno	Ser pequeño	To be small	Kéré
Natal	Navidad	Christmas	Kérérímèsì, Kérésì
Bicicleta	Bicicleta	Bicycle	Básìkùlú
Cumprimentar	Saludar, felicitar	To greet	Kí
Rapidamente	Rápidamente	Rapidly	Kíákíá
Gritar	Gritar	To shout	Kígbe, igbe
Cacau	Cacao	Cocoa	Kókó
Inseto	Insecto	Insect	Kòkòrò
Odiar	Odiar	To hate	Korira
Buraco	Agujero, hoyo	Hole, pit	Kòtò, ihàn, isà

De nada, não há de quê	De nada, no hay de qué	Not at all	Kò tọpẹ́
Paletó	Chaqueta, saco	Coat	Kotu, aṣọ ìlékè
Rejeitar	Rechazar	To reject	Kọ̀
Passar	Pasar	To pass	Kọjá
Chave	Llave	Key	Kọ́kọ́rọ́
Morrer	Morir	To die	Kú
Clube	Club	Club	Kùmọ̀, ẹgbẹ́
Cheio	Lleno	Full	Kún, yó
Sair	Salir	To leave	jáde
Curto, baixo, pequeno	Corto, bajo, pequeño	Short	kúrú, kékeré

Exemplos de Como Formar Frases com Cada Vocabulário
Ejemplos de Como Formar Frases con Cada Vocabulario
Examples How to Build Sentences with Each Vocabulary

1. Leia este livro para mim.
   Lea este libro para mí.
   Please, read me this book.
   Kà ìwé yí fún mi.

2. Minha mãe tem duas saias.
   Mi madre tiene dos sayas.
   My mother has two skirts.
   Ìyá mi ní kàbà méjì.

3. Meu destino é ter dinheiro.
   Mi destino es tener dinero.
   My destiny is to have money.
   Kàdárà mi nì lówó.

4. Bata na porta antes de entrar.
   Golpea la puerta antes de entrar.
   Knock at the door before you enter.
   Kàn ìlẹ̀kùn kíotó wọlé.

5. Eu não gosto de coisas amargas.
   No me gustan las cosas amargas.
   I do not like bitter things.
   Èmi kò fẹ́ran ohun kan.

6. Minha mãe me deu pouca carne.
   Mi madre me dio poca carne.
   My mother gave me a little meat.
   Ìyá mi fún mi ni ẹran diẹ̀.

7. Eu irei para a Itália no dia de Natal.
   Yo iré para Italia el dia de Navidad.
   I will go to Italy on Christmas Day.
   Èmi yio lọ sí Italia lọ́jọ́ kérérímèsì.

8. Eu comprarei uma bicicleta para o meu filho.
   Yo compraré una bicicleta para mi hijo.
   I will buy a bicycle to my son.
   Èmi yio rà kẹ̀kẹ̀ fún ọmọ mi.

9. Eu quero cumprimentá-lo.
   Yo quiero saludarlo.
   I want to greet him.
   Èmi fẹ́ kí ì.

10. Carlos vai para o mercado rapidamente.
    Carlos va al mercado rápidamente.
    Carlos goes to the market rapidly.
    Carlos nlọ sì ọjà kíàkíà – Carlos nlọ sòjá kíàkíà.

11. Por favor, você não deve gritar comigo.
    Por favor, tú no debes gritarme.
    Please, you must not shout me.
    Ẹ jọwọ́ iwọ kò gbọ́dọ̀ kígbe pẹ̀lú mi.

12. A Nigéria tem muito cacau.
    Nigeria tiene mucho cacao.
    In Nigeria there is a lot of cocoa.
    Nigéria (Nàijíríyà) wà kòkó púpọ̀.

13. Você não deve matar o inseto.
    Tú no debes matar el insecto.
    You must not kill an insect.
    Ìwọ kò gbọ́dọ̀ pa kòkòrò.

14. Eu te odeio.
    Yo te odio.
    I hate you.
    Èmi korira ẹ.

15. Vá tapar aquele buraco.
    Va a tapar aquel hoyo (aquel hueco).
    Go and cover that hole.
    Lọ dí kòtò yẹn.

16. Eu tenho quatro paletós.
    Yo tengo cuatro sacos.
    I have four coats.
    Èmi ní kotu mẹ́rìn.

17. Você não deve rejeitar meu presente.
    Tú no debes rechazar mi regalo.
    You must not reject my gift.
    Ìwọ kò gbọ́dọ̀ kọ̀ ẹbun mi.

18. Por favor, entre.
    Por favor, pase.
    Please, come in.
    E jòwọ́, wọlé.

19. Dê-me a chave.
    Dame la llave.
    Give me the key.
    Fún mi ni kọ́kọ́rọ́.

20. Eu não quero morrer.
    Yo no quiero morir.
    I do not want to die.
    Èmi kò fẹ́ẹ́ kú.

21. Dê-me aquela sociedade.
    Dame aquel club.
    Give me that club.
    Fún mi ni kùmọ̀ yẹn.

22. Meu estômago está cheio.
    Mi estómago está lleno.
    My stomach is full.
    Inù mi kún.

23. Saia daqui.
    Salga de aquí.
    Get out of here.
    Jáde lọ nibi.

24. Meu amigo é uma pessoa baixa.
    Mi amigo es una persona baja.
    My friend is a short person.
    Ọ̀rẹ́ mi ni ènia kúrú.

15

Lição Quinze
Lección Quince
Lesson Fifteen
Ẹ̀kọ́ Kárùndílogún

Vocabulário	*Vocabulario*	*Vocabulary*	*Iwe Gbẹdẹ̀gbéyọ̀*
Chupar (bala)	Chupar	To suck	Lá
Sonhar	Soñar	To dream	Lála, lá
Borboleta	Mariposa	Butterfly	Labalábá
Ser forte	Ser fuerte	To be strong	Lágbára
Ontem	Ayer	Yesterday	Láná
Entre, no meio de	Entre, en el medio de	Between, in the middle of	Láààrin, ààrin
Para, de, a fim de	Para, de, a fin de	From, to, in order to	Láti
Duro, ser firme	Duro, ser firme be firm	Strong, to	Le
Ser capaz	Ser capaz	To be able	Le
Poder	Poder	Can	Lè
Mandar embora	Vete	To send away	Lélọ
Depois, atrás de	Después, atrás de, detrás	After, behind of	Lẹ́hìn
Imediatamente	Inmediatamente	Immediately	Nísisiyi
Carta	Carta	Letter	Lẹ́tà
Ser bonito, ter beleza	Ser bello, tener belleza	To be fine, beautiful, handsome	Lẹ́wà
Usar (transitivo direto)	Usar	To use	Lò, fí

No mundo de hoje	En el mundo de hoy	In today's world	Ni aíyé òní
Hoje	Hoy	Today	Lóní
Diariamente	Diariamente	Daily, everyday	Lójójúmọ́
Em cima de	Encima	On the top of	Lókè, lórí
Mensalmente	Mensualmente	Monthly	Lóṣosù
Ter dinheiro	Tener dinero	To have money	Lówó
Moer	Moler	To grind	Lọ̀
Ir	Ir	To go	Lọ
Muitos	Muchos	Very, many	Lópọ̀lópọ̀, púpọ̀
Semanalmente	Semanalmente	Weekly	Lóṣọ̀sẹ̀
Passar roupas a ferro	Planchar ropas a hierro	To iron	Lọṣọ
Furar	Perforar	To perforate	Lu
Bater	Batir	To beat	Lù, nà

Exemplos de Como Formar Frases com Cada Vocabulário
Ejemplos de Como Formar Frases con Cada Vocabulario
Examples How to Build Sentences with Each Vocabulary

1. Eu gosto de borboletas.
   Me gustan las mariposas.
   I like butterflies.
   Èmi fẹ́ran labalábá.

2. Ele não é forte.
   Él no es furte.
   He is not strong.
   Kò lágbára.

3. Eu gosto de sonhar.
   Me gusta sonar.
   I like to dream.
   Èmi fẹ́ran lála.

4. Eu não te vi ontem.
   Yo no te vi ayer.
   I did not see you yesterday.
   Èmi kò rí o láná.

5. Eu gosto de ler jornal.
   Me gusta leer periódicos (diário).
   I like to read newspaper.
   Èmi fẹ́ran kà ìwé ìròhìn – Mo fẹ́rán kàwé ìròhìn.

6. Eu posso bater em você.
   Yo puedo golpearte.
   I can beat on you.
   Ẹ̀mi lèè lù ọ.

7. Eu a mandei embora.
   Yo la mandé a marchar (irse).
   I sent her away.
   Èmi lè é jáde lọ.

8. Eu irei para o Rio depois de amanhã.
   Yo iré para Río después de mañana.
   I will go to Rio after tomorrow.
   Èmi yio lọ sì Rio lọ́túnla.

9. Venha cá imediatamente.
   Venga acá inmediatamente.
   Come here immediately.
   Wá sibi nísisiyi.

10. Minha esposa é bonita.
    Mi esposa es bella.
    My wife is beautiful.
    Ìyàwó mi lẹ́wà.

11. Eu não usei tua faca.
    Yo no usé tu cuchillo.
    I did not use your knife.
    Èmi kò lo ọbẹ rẹ.

12. Espere do lado de fora – Permaneça do lado de fora.
    Espera afuera.
    Wait outside.
    Dúro dè lóde.

13. No mundo de hoje, a criança de dez anos está fumando cigarros.
    En el mundo de hoy un niño de diez años fuma cigarillos.
    In today's world, a ten years old is smoking cigarettes.
    Ni aìyé òní ọmọde ọdún mẹ́wá nmu sìgá.

14. Hoje é sexta-feira.
    Hoy es viernes.
    Today is Friday.
    Lóní jẹ́ ọjọ́ ẹtì.

15. Eu gosto de rezar todos os dias.
    Me gusta orar todos los dias.
    I like to pray every day.
    Èmi fẹ́ran gbàdúrà lójójúmọ́.

16. Eu serei rico ou terei dinheiro.
    Yo seré rico o tendré dinero.
    I will be rich.
    Èmi yio jẹ́ olówó.

17. Vá moer a pimenta!
    ¡Ve a moler la pimienta!
    Go and grind the pepper!
    Lọọ lò ata!

18. Ela gosta muito de comida.
    A ella le gusta mucho la comida.
    She likes food very much.
    Òun fẹ́ran onjẹ lọ́pọ̀lọ́pọ̀ – Òun fẹ́ran onjẹ púpọ̀.

19. Você gosta de beber cerveja semanalmente?
    ¿Te gusta beber cerveza semanalmente?
    Do you like to drink beer weekly?
    Ṣé iwọ fẹ́ran bíà lọ́ṣọ̀sẹ̀?

20. Vá passar roupa para mim.
    Ve a planchar la ropa para mí.
    Go and iron the clothes for me.
    Lọọ lọṣọ fun mi.

21. Fure a parede para mim.
    Perfora la pared para mí.
    Perforate the wall for me.
    Lu ògiri fún mi.

22. Eu não gosto de bater no meu filho.
    No me gusta golpear a mi hijo.
    I do not like to beat my son.
    Èmi kò fẹ́ran nà ni ọmọ mi.

Obs.: *lù* – bater ovos, tambor; *nà* – bater em animal, pessoas; *kàn* – bater na porta, prego.

16

Lição Dezesseis
Lección Díeciséis
Lesson Sixteen
Ẹ̀kọ́ Kerindílogun

Vocabulário	Vocabulario	Vocabulary	Iwe Gbẹdẹ̀gbẹ́yọ̀
Desculpe-me	Discúlpame	Forgive me	Má binú, dariji mi, foriji mi
Milha	Milla	Mile	Máilì
Veneno	Veneno	Poison	Májèlé, oró
Boi, vaca	Buey, vaca	Ox, cow	Màlúù
Não (imperativo)	No	Not, no	Má, má ṣe
Dois	Dos	Two	Méjì
Seis	Seis	Six	Mẹ́fà
Quatro	Cuatro	Four	Mẹ́rin
Três	Tres	Three	Mẹ́ta
Dez	Diez	Ten	Mẹ́wà
Respirar	Respirar	To breath	Mí, òfurufú
Mexer	Batir, mecer	To shake	Mì
Engolir	Tragar, engullir	To swallow	Mi
Mim, meu, minha	Mí, mío, mía	Me, my, mine	Mi
Eu (abreviação de Èmi)	Yo (abreviación de Èmi)	I (abbreviation of Èmi)	Mo
Limpo, limpar, estar limpo	Limpio, limpiar, estar limpio	Clean, to clean	Mọ́
Saber, conhecer	Saber, conocer	To kwon	Mọ̀

Construtor	Constructor	Constructor	Mọlémọlé
Raio	Rayo	Lightning	Mànamána, aará ẹ̀dún aará
Mesquita	Mezquita	Mosque	Mọ́sàlásí
Motocicleta	Moto, motocicleta	Motorcycle	Mọ́tò, alùpùpù
Automóvel	Automóvil	Car	Ọkọ̀
Ser educado	Ser educado	To be educated	Ọ̀mọwé
Beber, fumar	Beber, fumar	To drink, to smoke	Mu
Pegar	Traer, coger	To bring, to take	Mú, muwà
Levar embora	Llevar afuera, irse	To take away	Mulọ

Exemplos de Como Formar Frases com Cada Vocabulário
Ejemplos de Como Formar Frases con Cada Vocabulario
Examples How to Build Sentences with Each Vocabulary

1. Por favor, desculpe-me.
   Por favor, discúlpame.
   Please, forgive me.
   Ẹ jọ̀wọ́ má bínu – Ẹ jọ̀wọ́ dariji mi.

2. Veneno não é bom.
   El veneno no es bueno.
   Poison is not good.
   Májèle kò dára.

Obs.: *Mú* – pegar coisas leves; *Wá* – vir; *Mulọ* – pegue e leve, vá; *Muwá* – pegue e venha.

3. Eu gosto de carne de boi.
   Me gusta la carne de buey.
   I like meat.
   Èmi féran ẹran akọ màlúlù.

4. Não beba aquela água.
   No beba de aquella agua.
   Do not drink that water.
   Máṣe omí yẹn.

5. Eu tenho dois carros.
   Yo tengo dos coches (carros, automóvil).
   I have two cars.
   Èmi ní ọkọ̀ méjì.

6. Eu tenho quatro casas.
   Yo tengo cuatro casas.
   I have four houses.
   Èmi nilé mẹ́rìn.

7. Meu pai tem quatro chapéus.
   Mi padre tiene cuatro sombreros.
   My father has four hats.
   Bàbá mi ní fìlà mẹ́tà.

8. Minha mãe tem dez filhos.
   Mi madre tiene diez hijos.
   My mother has ten sons.
   Ìyá mi ní ọmọ mẹ́wà.

9. Ela está respirando.
   Ella está respirando.
   She is breathing.
   Òun nmí.

10. Eu não engoli.
    Yo no engullí.
    I didn't swallow.
    Èmi kò mi.

11. Eu fui ao mercado.
    Yo fui al mercado.
    I went to the market.
    Mo lọ sì ọjà – Mọ lọ sòjà.

12. Minha roupa está limpa.
    Mi ropa está limpia.
    My cloth is clean.
    Aṣọ mi nmọ́.

13. Você não sabe meu nome.
    Tú no sabes mi nombre.
    You do not know my name.
    Ìwọ kò mọ̀ orúkọ mi.

14. O construtor é meu amigo – Meu amigo é construtor.
    El constructor es mi amigo – Mi amigo es constructor.
    The constructor is my friend – My friend is a constructor.
    Mọ́lémọ́lé ni òrẹ́ mi – Òrẹ́ mi ni mọlémọlé.

15. Eu vi um raio ontem.
    Yo vi un rayo ayer.
    I saw a lightning yesterday.
    Èmi rí mònàmọ́ná láná – Mo rí ẹdùn aará láná.

16. Eu fui para a mesquita ontem.
    Yo fui para la mezquita ayer.
    I went to the mosque yesterday.
    Èmi lọ sí mòsálásí láná.

17. Meu amigo não tem carro.
    Mi amigo no tiene coche.
    My friend doesn't have a car.
    Òrẹ́ mi kò lọ́kọ̀.

18. Eu sou educado.
    Yo soy educado.
    I am an educaded fellow.
    Èmi jẹ́ ọ̀mọwẹ́.

19. Eu não gosto de fumar.
    No me gusta fumar.
    I do not like to smoke.
    Èmi kò fẹ́ran mu sìgá.

20. Traga meu livro.
    Traiga mi libro.
    Bring my book.
    Mú ìwé mi wá – múwá ìwé mi.

21. Leve-a embora.
    Llévela a afuera.
    Take her away.
    Mú u lọ.

Obs.: O verbo *lọ*, – ir, é sempre tido no tempo passado, desde que não tenha partícula indicativa de tempo.

17

Lição Dezessete
Lección Diecisiete
Lesson Seventeen
Èkó Kétàdílógún

Vocabulário	Vocabulario	Vocabulary	Iwe Gbẹdẹ̀gbẹ́yọ̀
Gastar	Gastar	To spend	Nàwó
Negociar, vender	Negociar	To negociate	Tà
Ter	Tener	To have	Ní
Em, no, na	En, en el, en ella	In, at	Ni
Ali, lá	Allí, acá	There	Níbẹ̀
Aqui, neste lugar	Aquí, acá, en este sitio	Here	Nibí
Sempre	Siempre	Always	Nígbàgbogbo
Sozinho	Solo	Alone	Nikanṣoṣo
Dever, ter que	Deber, tener que	Must	Niláti
Dentro	Dentro	Inside	Nínú
Sobre, a respeito de	Sobre, al respecto de	About	Nípà
Ser cabeludo	Ser cabelludo	To be hairy	Nírun
Agora	Ahora	Now	Nísisiyi
Porque	Porque	Because	Nítorípè
Por isso	Por eso (por ello)	For this reason	Nítorìna, tori
Em verdade	En realidad	Actually	Nítòótọ́
Alguma coisa	Alguna cosa	Something	Nkan
Grande	Grande	Big, large	Nlá
Perder, perdido	Perder, perdido	To lose, lost	Sọnù

Exemplos de Como Formar Frases com Cada Vocabulário
Ejemplos de Como Formar Frases con Cada Vocabulario
Examples How to Build Sentences with Each Vocabulary

1. Eu já gastei meu dinheiro.
    Yo gasté mi dinero (plata).
    I have already spend my money.
    Èmi ti nà owó mi.

2. Eu gosto de negociar sapatos.
    Me gusta negociar zapatos.
    I like to negociate shoes.
    Èmi fẹ́ran ta bàtà.

3. Eu tenho caráter.
    Yo tengo carácter.
    I have character.
    Èmi ní iwá.

4. Ela está em casa.
    Ella está en casa.
    She is at home.
    Òun wà nílé – Ó wà nìlé.

5. Ele não está lá.
    Él no está allá.
    He is not there.
    Òun kò sí níbẹ̀.

6. Eu, como sempre, estou comendo – Eu estou comendo, como sempre.
    Yo, como siempre, estoy comiendo – Yo estoy comiendo, como siempre.
    I am as always, eating.
    Èmi máa njẹun nígbàgbogbo.

Obs.: *Tà* – vender; *Rà* – comprar.

7. Eu estou morando aqui sozinho.
   Yo estoy viviendo acá solo.
   I am living here alone.
   Èmi ngbè níbí níkanṣoṣo.

8. Eu tenho que te ver amanhã
   Yo tengo que verte mañana.
   I must see you tomorrow.
   Èmi níláti rí ọ lọ́la.

9. Espere dentro de casa.
   Espera dentro de la casa.
   Wait inside the house.
   Ẹ dúró de nínú ilé.

10. Sobre seu amigo.
    Sobre su amigo.
    About your friend.
    Nípà ọ̀rẹ́ rẹ.

11. Ela é cabeluda.
    Ella es peluda.
    She is hairy.
    Òun nìrun púpọ̀.

12. Agora, eu quero ir dormir.
    Ahora, yo quiero ir a dormir.
    Now, I want to go and sleep.
    Nísisìyí èmi fẹ́ẹ́ lọ sùn.

13. Porque eu não estou bem.
    Porque yo no estoy bien.
    Because I am not feeling well.
    Nítorípé ara mi kò yá.

14. Por isso estou indo.
    Por eso yo (estoy yendo) me voy.
    For this reason, I am going.
    Nítorínà èmi nlọ.

15. Na realidade você não está bem.
    En realidad tú no estás bien.
    In fact you are not feeling well.
    Nítòótọ́ ara rẹ kò yá.

16. Dê-me alguma coisa.
    Dame alguna cosa.
    Give me something.
    Fún mi nì nkan.

17. Você tem olhos grandes.
    Tú tienes ojos grandes.
    You have big eyes.
    Ìwo ní oju nlá.

18. Eu perdi dinheiro.
    Yo perdí dinero.
    I lost money.
    Òwó mi sọ́nù.

18

Lição Dezoito
Lección Dieciocho
Lesson Eighteen
Ẹ̀kọ́ Kéjìdílógún

Vocabulário	Vocabulario	Vocabulary	Iwe Gbẹdẹ̀gbẹ́yọ̀
O (abreviatura de Òun)	O (abreviatura de Òun)	O (abbreviation of Òun)	Ó
Parentes	Parientes, familiares	Relatives	Oobi, arailé, Ẹbí arailé
Mulher	Mujer	Woman	Obìnrìn
Bode	Chivo	Male goat	Òbukọ́
Fora	Fuera	Outside, out	Òde
Surdo, mudo	Sordo, mudo	Deaf, dumb	Adití
Zero	Cero	Zero	Òdo
Rio	Río	River	Odò
Flor	Flor	Flower	Òdodó
Verdade	Verdad	Truth	Òdodo, òótọ
Lei	Ley	Law	Òfin
Fofoca	Chisme	Gossip	Òfófó
Ar, espaço ou respiração	Aire, espacio o respiración	Air, space or breathing	Òfurufú
Guerra	Guerra	War	Ogun
Suor	Sudor	Sweat	Oògùn, làágùn
Orixá do Ferro ou Medicina ou vinte (20)	Dios de los Hierros o veinte (20) o medicina	God of Iron, Medicine or or Twenty (20)	Ògún
Voz	Voz	Voice	Ohùn

– 144 –

Chuva	Lluvia	Rain	Òjò
Medroso	Miedoso	Fearful	Ojo
Todos os dias	Todos los días	Everyday	Lójójúmọ́
Olhos	Ojos	Eyes	Ojú
Céu	Cielo	Sky	Ojú Ọrun
Montanha, alto	Montaña, alto	Mountain, high	Òkè
Fama, reputação	Fame, reputación	Fame, reputation	Òkìkí
Fazenda	Hacienda	Farm	Oko
Defunto	Difunto	Corpse	Òkú
Mar	Mar	Sea	Òkun
Pedra	Piedra	Stone	Òkúta
Ladrão	Ladrón (ratero)	Thief	Olè
Deus Supremo	Dios Supremo	Suprem God	Olódùmarè
Soldado	Soldado	Soldier	Ológun
Gato	Gato	Cat	Ológbò
Rico	Rico	Rich	Olówó
Diretor	Director	Director	Olùdarí
Professor	Profesor	Teacher	Olùkọ́
Cada	Cada	Each	Olúkulùku
Água	Agua	Water	Omi
Café	Café	Coffee	Omi dúdú
Independência ou liberdade	Independencia o libertad	Independence or liberty	Òmìnira
Laranja	Naranja	Orange	Òrómbo, ọsàn
Outro	Otro	Other, another	Òmiràn
Gigante	Gigante (titán)	Giant	Òmirán
Sede	Sed	Thirst	Òngbẹ
Hoje	Hoy	Today	Òní
Juiz	Juez	Judge	Onídajọ́

Devedor	Deudor	Debetor	Ajigbèsè
Trabalhador	Trabajador	Worker	Òṣiṣẹ́
Comerciante	Comerciante	Businessman, Businesswoman	Oníṣowo
Comida	Comida	Food	Onjẹ
Jantar	Cena	Dinner	Onjẹ alé
Café da manhã	Desayuno	Breakfast	Onjẹ Àárọ
Almoço	Almuerzo	Lunch	Onjẹ ọ̀sán
Viúva, viúvo	Viuda, viudo	Widower, Widow	Opó
Cabeça	Cabeza	Head	Orí
Música	Cantiga	Music	Orin
Alto da montanha	Alto de la montaña	Top of a hill, top of a mountain	Orí òkè
Origem	Origen	Root, Origin	Ìbẹrẹ, Ìpilẹ̀ṣẹ
Joelho	Rodilla	Knee	Orúnkún
Meia-noite	Media noche	Midnight	Òru
Nome	Nombre	Name	Orúkọ
Cheiro	Olor	Smell	Òórùn
Sol	Sol	Sun	Oòrùn
Mês	Mes	Month	Oṣù
Lua	Luna	Moon	Òṣupá
Pobre	Pobre	Poor	Òtosi
Bobo	Tonto, idiota, estúpido	Idiot, foolish, stupid	Gọ̀, Apọ̀da
Frio	Frío	Cold	Òtútù
Dinheiro	Dinero, plata	Money	Owó
Ciúme	Celos	Jealousy	Owú
Algodão	Algodón	Cotton	Òwú

Tonteira	Vértigo, mareo	Dizziness	Òyì, Òòyì
Mel	Miel	Honey	Oyin
Inglês	Inglés	English	Òyinbó, àléjò
Homem branco	Hombre blanco	White man	Òyinbó
Mulher branca	Mujer blanca	White woman	Òyinbó

Exemplos de Como Formar Frases com Cada Vocabulário
Ejemplos de Como Formar Frases con Cada Vocabulario
Examples How to Build Sentences with Each Vocabulary

1. Meus parentes estão na Nigéria.
   Mis parientes están en Nigeria.
   My parents are in Nigeria.
   Àwọn arailé mi wà ni Nàìjíyà.

2. Eu gosto de mulheres.
   Me gustan las mujeres.
   I like women.
   Èmi féran àwọn obìrin.

3. Eu tenho dois bodes.
   Yo tengo dos chivos.
   I have two male goats.
   Èmi ní òbukọ́ méjì.

4. Meu amigo está fora.
   Mi amigo está fuera.
   My friend is out.
   Ọ̀rẹ́ mi wà lóde.

5. Ela é surda.
   Ella es sorda.
   She is deaf.
   Òun nì adití.

6. O rio Oya é muito largo.
   El rio Oya es muy largo.
   The Niger river is very long.
   Odò Ọya tódi púpọ̀.

7. Eu gosto de flores.
   Me gustan las flores.
   I like flowers.
   Èmi fẹ́ran òdòdò.

8. Eu não gosto de fofoca.
   No me gusta el chisme.
   I do not like gossip.
   Èmi kò fẹ́ran òfófó.

9. Nós não gostamos de guerra.
   A nosotros no nos gusta la guerra.
   We do not like war.
   Àwa kò fẹ́ran ogun.

10. Eu não gosto de suar.
    No me gusta sudar.
    I do not like to sweat.
    Èmi kò fẹ́ran arami làágum.

11. Eu ouvi a sua voz.
    Yo escuché (oí) la voz tuya.
    I heard your voice.
    Èmi gbọ́ ohùn rẹ.

12. Está chovendo.
    Está lloviendo.
    It is raining.
    Òjò nrọ̀.

13. Você é medrosa.
    Tú eres miedosa.
    You are fearful.
    Ìwọ nì ojo.

14. Eu fui ver uma montanha.
    Yo fui a ver una montaña.
    I went to see a mountain.
    Èmi lọ rí ókè kan.

15. Meu pai tem reputação.
    Mi padre tiene reputación.
    My father has reputation.
    Bàbá mi ní òkìkì.

16. Meu pai tem duas fazendas.
    Mi padre tiene dos haciendas.
    My father has two farms.
    Bàbá mi ní oko méjì.

17. Eu vi um defunto.
    Yo vi un difunto.
    I saw a corpse.
    Èmi rí òkú kan.

18. Eu gosto do mar.
    Me gusta el mar.
    I like the sea.
    Èmi fẹ́ran òkun.

19. Você é um ladrão.
    Tú eres un ladrón.
    You are a thief.
    Ìwọ ni olè.

20. Você é uma fofoqueira.
    Tú eres una chismosa.
    You are a gossiper.
    Ìwọ ni olófófó.

21. Meu amigo é soldado.
    Mi amigo es soldado.
    My friend is a soldier.
    Ológun ni ọrẹ́ mi.

22. Meu pai é rico.
    Mi padre es rico.
    My father is rich.
    Jẹ́ olówó bàbá mi.

23. O professor é ele – Ele é o professor.
    El profesor es él – Él es el profesor.
    The teacher is him – He is the teacher.
    Òun nì olùkọ́.

24. Escravos não têm independência – Escravos não têm liberdade.
    Los esclavos no tienen independência – Los esclavos no tienen libertad.
    Slaves have not independence – Slaves have no liberty.
    Kò sí òmìnira àwọn ẹrú.

25. Eu gosto de laranjas.
    Me gustan las naranjas.
    I like oranges.
    Èmi fẹ́ran òrómbo – Mo fẹ́ran ọsàn.

26. É o gigante Golias – Golias é um gigante.
    Es el gigante Goliat – Goliat es um gigante.
    It is the Goliath giant – Goliath is a giant.
    Òmíràn ni Golias – Golias nì omíràn – Golias nì gigan.

27. Eu estou com sede.
    Yo estoy con sed.
    I am thirsty.
    Òngbẹ npa mi.

28. O juiz é amigo do meu pai – Um amigo do meu pai é juiz.
    El juez es amigo de mi padre – Un amigo de mi padre es juez.
    The judge is my father's friend – A friend of my father is a judge.
    Adajọ́ ni ọ̀rẹ́ bàbá mi – Ọ̀rẹ́ bàbá mi nì adajọ́.

29. Você é o devedor.
    Tú eres el deudor.
    You are a debtor.
    Òwọ nì ajigbèsè.

30. O trabalhador sou eu – Eu sou o trabalhador.
    El trabajador soy yo – Yo soy el trabajador.
    I am a worker – I am a worker.
    Èmi nì òṣìṣẹ́.

31. O comerciante é ele – Ele é o comerciante.
    El comerciante es él – Él es comerciante.
    It is him who is the businessman – He is a businessman.
    Òun nì onìṣòwo.

32. Eu não gosto de comida.
    No me gusta la comida.
    I do not like food.
    Èmi kò fẹran onjẹ.

33. Eu quero ir jantar.
    Yo quiero ir a cenar.
    I want to have dinner.
    Èmi fẹ́ẹ́ lọ ọnjẹ alẹ́.

34. Eu não gosto de sair à meia-noite.
    No me gusta salir a la media noche.
    I do not like to go out at midnight.
    Èmi kò fẹ́ran jáde lóru.

35. O nome de seu pai é Roberto.
    El nombre de su padre es Roberto.
    Your father's name is Roberto.
    Orúkọ bàbá rẹ nì Roberto.

36. Eu não gosto de sol.
    No me gusta el sol.
    I do not like sun.
    Èmi kò fẹ́ran oọ̀rùn.

37. Eu não sou pobre.
    Yo no soy pobre.
    I am not a poor man.
    Èmi kìí ṣe òtoṣi.

38. Você é bobo.
    Tú eres tonto.
    You are an idiot.
    Ìwọ nì apọ̀da.

39. Ele não tem dinheiro para te dar.
    Él no tiene dinero para darte.
    He has no money to give you.
    Òun kò lówó fún ọ.

40. Eu tenho tontura.
    Yo tengo mareos.
    I have dizzinesses.
    Ara mi òòyì.

41. Eu gosto de mel.
    Me gusta la miel.
    I like honey.
    Èmi féran oyin.

42. Eu falo inglês.
    Yo hablo inglés.
    I speak english.
    Èmin sọ èdè òyìnbó.

19

Lição Dezenove
Lección Díceinueve
Lesson Nineteen
Èkó Kòkándílógún

Vocabulário	Vocabulario	Vocabulary	Iwe Gbẹdègbéyò
Rei	Rey	King	Ọba
Faca	Cuchillo	Knife	Òbẹ
Molho, sopa, ensopado	Salsas, sopa	Soup, sauce	Ọbẹ̀
Macaco	Mono	Monkey	Òbọ
Tinta	Tinta	Ink	Ódà
Caçador	Cazador	Hunter	Ọdẹ
Bobo, burro	Bobo, burro, asno	Idiot, foolish	Ódògọ
Jovem	Joven	Young	Ódó
Mulher jovem	Mujer joven	Young woman	Ódóbìnrin
Homem jovem	Hombre joven	Young man	Ódókùnrin
Ano	Año	Year	Ọdún
Batata-doce	Boniato	Sweet potato	Òdùnkún
De graça	Gratis	Free	Òfé
Camaleão	Camaleón	Chamaleon	Ògà, agẹmọ
Chefe (trabalho)	Jefe (trabajo)	Head of department	Ògá

Banana	Plátano, banano	Banana	Ògèdè
Jardim	Jardín	Garden	Ogbà
Verão	Verano	Summer	Ìgbà èrun, ógbelè
Coração	Corazón	Heart	Okàn
Esquilo	Ardilla	Squirrel	Òkéré
Marido	Marido, esposo	Husband	Oko
Enxada	Azada	Hoe	Okó
Avião	Avión, aeroplano	Airplane	Oko òfúrufú
Barco	Barco	Boat, ship	Oko omi
Amanhã	Mañana	Tomorrow	Òla
Riqueza, honra	Riqueza, honor	Health, honor	Olá
Pessoa civilizada	Persona civilizada	Civilized person	Òlàjú, fòyehàn
Preguiçoso	Perezoso	Lazy	Òle
Férias (escola)	Vacaciones	Holidays	Olidé ou Ojó eré
Polícia	Policía	Police	Olópa
Deus	Dios	God	Olórun
Bandido	Bandido, bandolero	Bandit	Olósà
Filho	Hijo	Son	Omo
Criança	Niño, niña, nena, criatura	Child	Omodé
Crocodilo	Cocodrilo	Crocodile	Ònì
Palmeira	Palmera	Palm tree	Òpè

Abacaxi	Piña	Pincapple	Ọ̀pẹ̀ òyinbó
Sapo	Sapo	Frog	Ọ̀pọlọ
Cérebro	Cerebro	Brain	Ọpọlọ
Palavra	Palabra	Word	Ọ̀rọ̀
Céu	Cielo	Sky	Ọ̀run
Lagoa	Laguna	Lagoon	Ọ̀sa
Laranja	Naranja	Orange	Ọsàn
À tarde	A la tarde	In the afternoon	Ọ̀sán
Sabão	Jabón	Soap	Ọ̀ṣẹ́
Inimigo	Enemigo	Enemy	Ọ̀tá
Separação	Separación	Separation	Ọ̀tọ̀tọ̀
À direita	A la derecha	On the right	Ọ̀tún
Respeito	Respeto	Respect	Ọ̀wọ̀, ìwà

Exemplos de Como Formar Frases com Cada Vocabulário
Ejemplos de Como Formar Frases con Cada Vocabulario
Examples How to Build Sentences with Each Vocabulary

1. O nome do rei da minha cidade é Adèkúnlẹ.

   El nombre del rey de mi ciudad es Adèkúnlẹ.

   The name of the king of my town is Adèkúnlẹ.

   Orúkọ ọba ìlù mi nì Adèkúnlẹ.

2. Dê-me a faca.

   Dame el cuchillo.

   Give me the knife.

   Fún mi ni ọ̀bẹ.

3. Eu gosto de molhos.
   Me gustan las salsas.
   I like sauces.
   Èmi féran ọbẹ̀.

4. Eu tenho um macaco.
   Yo tengo un mono.
   I have a monkey.
   Èmi ni ọ̀bọ.

5. Tinta branca é para a casa de Oxalá.
   La tinta blanca es para la casa de Oṣala.
   The white ink is for Òṣàlà's house.
   Ọ́dà fúnfún nlò fún ilé Òrìṣà nlà.

6. Eu sou um jovem – O jovem sou eu.
   Yo soy un joven – El joven soy yo.
   I am a young person – The young one it is me.
   Èmi ni ọ́dọ́ ẹnian – Ọ́dọ́ ẹnian èmi ni.

7. Eu gosto de batata-doce.
   Me gusta el boniato.
   I like sweet potato.
   Èmi féran ọ̀dùnkún.

8. Eu gosto de bananas.
   Me gustan los plátanos.
   I like bananas.
   Èmi féran ọ̀gẹ̀dẹ̀.

9. Eu vi um camaleão.
   Yo vi un camaleón.
   I saw a chameleon.
   Èmi rí ọ̀gà kan – Èmi rí agẹmọ kan.

10. Eu não gosto do verão.
    No me gusta el verano.
    I do not like summer.
    Èmi kò fẹ́ràn ìgbà ógbẹlẹ̀.

11. Eu vi um avião.
    Yo vi un avión.
    I saw an airplane.
    Èmi rí ọkọ òfúrufú kan.

12. Eu tenho honra.
    Yo tengo honor.
    I have honor.
    Èmi ní ọlá – Èmi ní ìwà.

13. Eu sou uma pessoa civilizada.
    Yo soy una persona civilizada.
    I am a civilized person.
    Èmi nì ẹni fòyehàn.

14. Você é preguiçoso.
    Tú eres perezoso.
    You are lazy.
    Ìwọ nì ọ̀lẹ.

15. Eu vou de férias.
    Yo voy de vacaciones.
    I am going out on the holidays.
    Èmi nlọ sí ọlidé.

16. Eu gosto dos policiais americanos.
    Me gustan los policiales U.S.A.
    I like U.S.A. police.
    Èmi fẹ́ran àwọn ọlọ́pa USA.

17. Você é um bandido.
    Tú eres un bandido.
    You are a bandit.
    Ìwọ ni ọlọ́sà.*

18. O nome de minha filha é Fúnmilayọ̀.
    El nombre de mi hija es Fúnmilayọ̀.
    The name of my daughter is Fúnmilayọ̀.
    Orúkọ ọmọ mi nì Fúnmilayọ̀.

19. Eu não gosto de crocodilos.
    No me gustan los cocodrilos.
    I do not like crocodiles.
    Èmi kò fẹ́ran àwọn ònì.

20. Eu não gosto de abacaxi.
    No me gusta la piña.
    I do not like pineapple.
    Èmi kò fẹ́ràn ọ̀pẹ̀ òyinbó.

21. Eu odeio sapos.
    Yo odio los sapos.
    I hate frogs.
    Èmi kóríra ọ̀pọlọ.

22. Teu cérebro não é completo.
    Tu cerebro no está completo.
    Your brain is not complete.
    Ọpọlọ rẹ kìí ṣe yọrí.

---

*N.A.: Pronomes pessoais no fim da frase devem ser usados em sua forma contraída.

23. Não diga uma palavra.
    No diga una palabra.
    Do not say a word.
    Má sọ́rọ̀ – Má sọ ọ̀rọ̀.

24. Eu usei sabão para tomar banho.
    Yo usé jabón para tomar el baño (para bañarme).
    I used soap to take a bath.
    Èmi lò ọṣẹ́ láti wẹ̀.

25. Eu não tenho inimigos.
    Yo no tengo enemigos.
    I do not have enemies.
    Èmi kò ní ọtá.

26. Vire para a direita – Virar, rodar, rolar, revolver = Yí
    Vuelva hacia la derecha – Volver, rodar = Yí.
    Turn right – Turn, to rolls, to revolve – Yí.

    Yí sí ọwọ́ ọ̀tún – Yí ọwọ́ ọ̀tún (virar a mão).
    Yí sí ara ọ̀tún – Yí sara òtun (gire o corpo).

27. Eu tenho respeito.
    Yo tengo respeto.
    I have respect.
    Èmi ní ọ̀wọ̀ – Mo lọ́wọ̀.

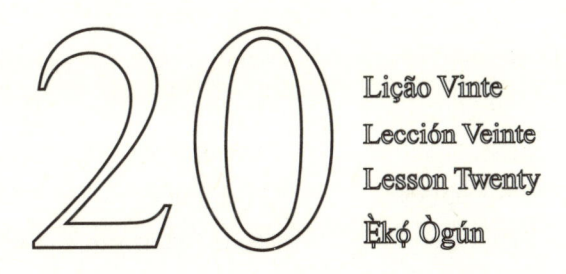

20   Lição Vinte
Lección Veinte
Lesson Twenty
Ẹ̀kọ́ Ògún

Vocabulário	*Vocabulario*	*Vocabulary*	*Iwe Gbẹdẹ̀gbẹ́yọ̀*
Matar	Matar	To kill	Pa
Voltar	Volver	To return	Padà
Encontrar ou reunir-se	Encontrar o reunirse	To meet	Pàdé, rí
Mandioca	Yuca (mandioca)	Cassava	Pákí
Madeira	Madera	Wood	Igi
Esconder	Esconder	To hide	Pamọ́
Parar de falar, calar-se	Parar de hablar, callarse	Stop talking	Panumọ́
Terminar	Terminar	To finish	Parí
Fazer barulho	Hacer ruido	To make noise	Paríwò
Mentir	Mentir	To lie	Parọ́
Trocar	Cambiar	To change	Pààrọ̀
Dar ordem	Dar orden	To give an order	Pinnu
Completamente	Completamente	Completely	Pátapáta
Chamar	Llamar	To call	Pè
Providenciar	Propiciar	To provide	Pèse
Demorar	Tardar	To delay	Pẹ́
Pescar	Pescar	To fish	Pẹja
Com	Con	With	Pẹ̀lú

Pato	Pato	Duck	Pẹ́pẹ́iyẹ
Dividir	Dividir	To divide	Pín
Misturar	Mezclar	To mix	Pò
Português	Portugués	Portuguese	Pòtòkì
Falar provérbios	Refrán, hablar provérbios	To tell proverbs	Pòwe
Vermelho	Rojo	Red	Púpà
Amarelo	Amarillo	Yellow	Púpà, rúṣúrúṣú, yélò

Exemplos de Como Formar Frases com Cada Vocabulário
Ejemplos de Como Formar Frases con Cada Vocabulario
Examples How to Build Sentences with Each Vocabulary

1. O ladrão matou uma pessoa.
   El ladrón mató una persona.
   A thief killed a person.
   Olè pa ẹni kan.

2. Volte para cá.
   Vuelva acá.
   Come back here.
   Padà wà síbi.

3. Eu encontrei seu amigo.
   Yo encontré a su amigo.
   I met your friend.
   Èmi rí ọ̀rẹ́ rẹ.

4. Ele gosta de mandioca.
   Le gusta la yuca.
   He likes cassava.
   Òun fẹ́ran pákí.

5. Eu já terminei meu trabalho.
   Yo ya terminé mi trabajo.
   I have already finish my work.
   Èmi ti parí iṣẹ mi tán.

6. Por favor, pare de falar.
   Por favor, pare de hablar.
   Please, stop talking.
   Ẹ jọwọ́ panumọ́.

7. Meu amigo gosta de mentir.
   A mi amigo le gusta mentir.
   My friend likes to lie.
   Ọ̀rẹ́ mi fẹ́ran irọ́ púpọ̀.

8. Eu vou trocar a minha camisa.
   Yo voy a cambiar mi camisa.
   I am going to change my shirt.
   Èmi lọ pààrọ̀ èwù mi.

9. Por favor, não me dê ordens.
   Por favor, no me dé ordenes.
   Please, do not give me orders.
   Ẹ jọwọ́ má pinnu.

10. Por favor, me chame – Chamar por alguém = Pè
    Por favor, llámame – Llamar por alguien = Pè.
    Please call me – Call somebody = Pè.
    Ẹ jọwọ́ pè mi.

11. Por favor, chame por mim.
    Por favor, lláma por mi.
    Please, call for me.
    Ẹ jọwọ́ pè fun mi.

12. Providencie um lugar para mim.
    Propicie un sitio para mí.
    Provide a place for me.
    Ẹ pèsè ibi fún mi.

13. Por favor, não demore – Não faça = Máse.
    Por favor, no tarde – No haba = Máse.
    Please, do not delay – Do not do + Máse.
    Ẹ jọwọ́ má ṣe pè.

14. Eu estou indo pescar.
    Yo estoy yendo a pescar.
    I am going to fish.
    Èmi nlọ pẹja.

15. Eu irei contigo.
    Yo iré contigo.
    I will go with you.
    Èmi yio lọ pèlú ẹ.

16. Você não gosta de pato.
    No te gusta el pato.
    You do not like duck.
    Ìwọ kò fẹ́ran pẹ́pẹ́iyẹ.

17. Divida este dinheiro com seu amigo.
    Divida ese dinero con su amigo.
    Divide this money with your friend.
    Ẹ pín owó yí pèlú ọ̀rẹ́ rẹ.

18. Eu falo português – Conversar, falar = sọ̀rọ̀.
    Yo hablo portugués – Conversar, hablar = sọ̀rọ̀.
    I speak portuguese – To talk = sọ̀rọ̀.
    Èmi nsọ pòtòkì.

19. Eu não gosto de camisas vermelhas.
    No me gustan las camisas rojas.
    I do not like red shirts.
    Èmi kò fẹ́ran èwù pupa.

20. Ela não gosta de mentir.
    A ella no le gusta mentir.
    She does not like to tell lies.
    Kò fẹ́ran parọ́.

21

Lição Vinte e Um
Lección Veintiuno
Lesson Twenty One
Ẹ̀kọ́ Kòkánlégún

Vocabulário	Vocabulario	Vocabulary	Iwe Gbẹdẹ̀gbẹ́yọ̀
Apodrecer	Podrirse	To rot	Rà
Comprar	Comprar	To buy	Rà
Ajudar, mandar ajuda	Ayudar, da ayuda	To help, give help	Rànlọ́wọ́
Lembrar	Recordar	To remember	Rántí
Ficar na expectativa	Quedarse en expectativa	To expect	Retí
Seu, sua	Suyo, suya	Your	Rẹ
Cansar-se	Cansarse	To be tired	Rẹ̀
Estou cansado	Estoy cansado	I am tired	Ọ́ rẹ̀ mi
Rir	Reír	To laugh	Rẹ́rìn
Ver, encontrar	Ver	To see	Rí, o
Afundar	Ahondar	To sink	Rì
Redonda	Redonda	Round	Ribiti
Caminhar, andar	Caminar, andar	To walk	Rìn
Pensar	Pensar	To think	Rò, rònú
Lama	Lodo, fango	Mud	Ẹrẹ̀
Ter cuidado	Tener cuidado	To be carefull	Rọra
Carregar, transportar	Cargar	To carry	Rù
Sacrifício	Sacrificio	Sacrifice	Rùbọ

Exemplos de Como Formar Frases com Cada Vocabulário
Ejemplos de Como Formar Frases con Cada Vocabulario
Examples How to Build Sentences with Each Vocabulary

1. Eu fui comprar sapatos.
   Yo fui a comprar zapatos.
   I went to buy shoes.
   Èmi lọ ra bàtà.

2. Aquele mamão vai apodrecer.
   Aquella papaya va a podrirse.
   That papaya will get spoiled.
   Ìbẹ́pẹ yẹn yio rà.

3. Por favor, me ajude.
   Por favor, ayúdeme.
   Please, help me.
   Ẹ jọ̀wọ́ ràn mi lọ́wọ́.

4. Eu não me lembrei de você.
   Yo no me acordé de tí.
   I did not remember you.
   Èmi kò ranti ẹ.

5. Você está me esperando.
   Tú me estás esperando (aguardando).
   You are expecting me.
   Ìwọ nretí mi.

6. Estou cansado.
   Estoy fatigado.
   I am tired.
   O rẹ̀ mi.

7. Ela está rindo de você.
   Ella está riéndose de tí.
   She is laughing at you.
   Òun rẹ́rìn rẹ.

8. Você não me viu.
   Tú no me viste.
   You did not see me.
   Ìwọ kò rí mi.

9. O barco está afundando.
   El barco está ahondando.
   The boat is sinking.
   Ọkọ̀ omí nrì.

10. Você está pensando.
    Tú estás pensando.
    You are thinking.
    Ìwọ ronú – Ìwọ nrò.

11. Eu caí na lama.
    Yo caí en el lodo.
    I fell into the mud.
    Èmi ṣubú sínù ẹrẹ̀.

12. Tenha cuidado com este lugar.
    Tenga cuidado con este lugar.
    Be carefull in that place.
    Rọra níbẹ̀ yẹn.

13. Eu carreguei uma carga pesada.
    Yo cargué una carga pesada.
    I carried a heavy load.
    Èmi rù ẹrù wúwo.

22

Lição Vinte e Dois
Lección Veintidós
Lesson Twenty Two
Ẹ̀kọ́ Kéjàlélógún

Vocabulário	Vocabulario	Vocabulary	Iwe Gbẹdẹ̀gbẹ́yọ̀
Evitar	Evitar	To avoid	Sáfun
Fugir	Huir	To run away	Sálọ
Chinelo	Zapatilla	House slipper	Sálubàta
Pagar	Pagar	To pay	San
Ser gordo	Ser gordo	To be fat	Sanra
Esconder	Esconder, tapar	To hide	Sápamọ́
Correr	Correr	To run	Sáre
Para	Para	To	Sí
Muito embora	Aunque	However	Síbẹ̀síbẹ̀, ṣùgbọ́n
Para lá	Para allá	There	Síbẹ́
Para cá, aqui	Para acá, aquí	Here	Síbí
Colher	Cuchara	Spoon	Ṣibi
Cigarro	Cigarrillo, pitillo	Cigarette	Sígà
Descansar	Descansar, reposar	To rest	Simi, sinmi
Amarrar	Atar, amarrar	To tie	So
Descer	Bajar	To go down	Sọ̀kalẹ̀
Chorar	Llorar	To cry	Sọkún
Falar, conversar	Hablar, platicar, charlar	To talk	Sọ̀rọ̀
Paciência	Paciencia	Patience	Sùúrú

Exemplos de Como Formar Frases com Cada Vocabulário
Ejemplos de Como Formar Frases con Cada Vocabulario
Examples How to Build Sentences with Each Vocabulary

1. Eu devo evitar o amigo dele.
   Yo debo evitar a su amigo.
   I must avoid his friend.
   Èmi gbódò sáfun òré rè.

2. Você não deve fugir.
   Tú no debes huir.
   You must not run away.
   Ìwo kò gbódò sálo.

3. Eu tenho dois chinelos.
   Yo tengo dos zapatillas.
   I have two house slippers.
   Èmi ní sálubàta méjì.

4. Ele vai me pagar com dinheiro.
   Él va a pagarme con dinero.
   He is going to pay me with money.
   Òun yio sàn fùn mi pèlú owó.

5. Eu não gosto de pessoas gordas.
   No me gustan las personas gordas.
   I do not like fat persons.
   Èmi kò féran ènian sanra.

6. Eu quero me esconder.
   Yo quiero esconderme.
   I want to hide myself.
   Èmi fé sápamó.

7. Você quer correr?
   ¿Tú quieres correr?
   Do you want to run?
   Sé iwo fé sáre?

8. Eu quero ir para casa.
   Yo quiero ir para casa.
   I want to go home.
   Èmi fẹ́ lọ sílé.

9. Venha cá ou venha para cá.
   Venga acá o venga para acá.
   Come here.
   Wá síbí.

10. Eu quero fumar um cigarro.
    Yo quiero fumar um cigarrillo.
    I want to smoke a cigarette.
    Èmi fẹ́ mu sìgá.

11. Você quer ir descansar?
    ¿Tú quieres ir a descansar?
    Do you want to rest?
    Ṣé ìwọ fẹ́ simi?

12. Por favor, venha aqui.
    Por favor, venga acá.
    Please, come here.
    Ẹ jọ̀wọ́ sọ̀kalẹ̀ níbí.

13. O filho está chorando.
    El hijo está llorando.
    The son is crying.
    Ọmọ náà nsokún.

14. Você não deve falar.
    Tú no debes hablar.
    You must not speak.
    Ìwọ kò gbọ́dọ̀ sọ̀rọ̀.

15. Você deve ter paciência.
    Tú debes tener paciencia.
    You must have patiente.
    Ìwọ gbọ́dọ̀ ní sùúrú.

23

Lição Vinte e Três
Lección Veintitrés
Lesson Twenty Three
Èkọ́ Kétàlélógún

Vocabulário	*Vocabulario*	*Vocabulary*	*Iwe Gbẹdẹ̀gbẹ́yọ̀*
Brincar	Jugar	To play	Şiré
Passear	Pasear	To take a walk	Rìnkákiri, Sárelọ
Ofender	Ofender	To offend	Şẹ̀
Acontecer	Suceder, ocurrir	To happen	Şẹlẹ̀
Abrir	Abrir	To open	Şì
Trabalhar	Trabajar	To work	Şişẹ́
Calça	Pantalón	Trousers	Şòkòtò
Tomar conta	Hacerse cargo, echar el ojo a	To take care	Sọ́
Açúcar	Azúcar	Sugar	Şúgà
Mas	Más	But	Şùgbọ́n
Vestir-se	Vestir	To dress	Wọ̀

Exemplos de Como Formar Frases com Cada Vocabulário
Ejemplos de Como Formar Frases con Cada Vocabulario
Examples How to Build Sentences with Each Vocabulary

1. Eu quero brincar.
   Yo quiero jugar.
   I want to play.
   Èmi fẹ̀ şiré.

– 172 –

2. Você quer passear?
   ¿Quieres pasear?
   Do want to take a walk?
   Ìwo fẹ́ sárelọ – Ìwo fẹ́ rìnkákiri.
3. Abra aquela caixa.
   Abra aquella caja.
   Open that box.
   Ṣì àpóti yẹn.
4. Eu gosto de trabalhar.
   Me gusta trabajar.
   I like to work.
   Èmi fẹ́ran ṣiṣẹ́.
5. Eu quero vestir a calça.
   Yo quiero ponerme el pantalón.
   I want to put on the trousers.
   Èmi fẹ́ wọ̀ ṣòkòtò.
6. Tome conta desse carro para mim – carro – motocicleta.
   Hágase cargo de este coche – coche – motocicleta.
   Take care of this car for me – car – motocycle.
   Sọ́ ọkọ̀ yí fún mi – ọkọ̀ – mọ́tọ̀/alupupu.
7. Eu não gosto de muito açúcar.
   No me gusta mucha azúcar.
   I do not like too much sugar.
   Èmi kò fẹ́ran ṣúgà púpọ̀.
8. Mas você não foi.
   Pero tú no fuiste.
   But you did not go.
   Ṣùgbọ́n ìwọ kò lọ.
9. Eu não tenho paciência.
   Yo no tengo paciencia.
   I do not have patience.
   Èmi kò ní sùúrù.

24

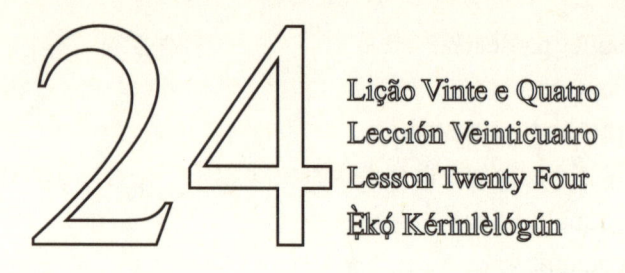

Lição Vinte e Quatro
Lección Veinticuatro
Lesson Twenty Four
Ẹ̀kọ́ Kẹ́rìnlélógún

Vocabulário	*Vocabulario*	*Vocabulary*	*Iwe Gbẹdẹgbẹ́yọ̀*
Tabaco (ou charuto)	Tabaco	Tobacco	Tábà
Mesa	Mesa	Table	Tábílì
Loteria	Lotería	Lottery	Tẹ́tẹ́, jẹ tẹ́tẹ́
Sinceramente	Sinceramente	Sincerely	Tínútinú
Rua	Calle	Street	Títì
Urinar	Orinar	To urinate	Tọ̀
Gelado, sorvete	Helado	Cold, iced	Tútù

Exemplos de Como Formar Frases com Cada Vocabulário
Ejemplos de Como Formar Frases con Cada Vocabulario
Examples How to Build Sentences with Each Vocabulary

1. Eu não gosto de charuto.
   No me gusta el tabaco.
   I do not like tobacco.
   Èmi kò fẹ́ràn tábà.

2. Ou, você não ouviu?
   O, ¿tú no oiste?
   Did you not hear?
   Tàbí ìwọ kò gbọ́?

3. Eu não tenho uma mesa.
   Yo no tengo una mesa.
   I have not got a table.
   Èmi kò ní tábílì.

4. Meu amigo ganhou na loteria.
   Mi amigo ganó en la lotería.
   My friend won a lottery.
   Ọ̀rẹ́ mi jẹ owó tẹ́tẹ́.

5. Av. Atlântica é o nome da minha rua (até, a cerca de).
   Ave. Atlántica es el nombre de mi calle (hasta, alrededor de).
   Avs. Atlantica is the name of my street (till, around.)
   Av. Atlântica nì orúkọ ọ̀na mi (títì).

6. Eu quero ir urinar.
   Yo quiero ir a orinar.
   I want to go urinate.
   Èmi fẹ́ lọ tọ̀.

7. Eu gosto de água gelada.
   Me gusta el agua helada.
   I like iced water.
   Èmi fẹ́ran omí tútú.

25

Lição Vinte e Cinco
Lección Veinticinco
Lesson Twenty Five
Ẹ̀kọ́ Kárùndílógbón

Vocabulário	*Vocabulario*	*Vocabulary*	Iwe Gbẹdẹ̀gbẹ́yọ̀
Leite	Leche	Milk	Wàrà
Queijo	Queso	Cheese	Ẹ̀kọ wàrà
Louco	Loco, insano	Mad	Wère
Olhar	Mirar	To look	Wò
Vestir	Vestir	To wear	Wọ
Entrar	Entrar	To enter	Wọlé
Agradar	Agradar	To attract	Wù
Tossir	Toser	To cough	Wùkọ́, kọ́
Ser útil	Ser útil	To be useful	Wúlọ̀
Emprestar	Prestar	To lend	Yà, wín
Evacuar	Evacuar, vaciar	To evacuate	Yàgbẹ́
Piada	Chiste, broma	Joke	Yẹyẹ́, oro yà
Ficar satisfeito	Quedarse satisfecho	To be satisfied	Yọ
Estar bem	Estar bien	To be wall	Yá

Exemplos de Como Formar Frases com Cada Vocabulário
Ejemplos de Como Formar Frases con Cada Vocabulario
Examples How to Build Sentences with Each Vocabulary

1. Meu filho não gosta de queijo.
   A mi hijo no le gusta el queso.
   My son does not like cheese.
   Ọmọ mi kò fẹ́ran ẹ̀kọ wàrà.

2. Você é uma pessoa louca.
   Tú eres una persona loca.
   You care a mad person.
   Ìwọ ni ẹni wèrè.

3. Olhe aquele pássaro.
   Mire aquel pájaro.
   Look at that bird.
   Wò ẹyẹ yẹn.

4. Eu vou vestir a minha camisa.
   Yo voy a ponerme mi camisa.
   I am going to put on my shirt.
   Èmi fẹ́ wọ̀ èwù mi.

5. Por favor, entre.
   Entre, por favor.
   Please, come in.
   Ẹ jọ̀wọ́, ẹ wọlẹ́.

6. Você não me agrada (agradar).
   Tú no me agradas (agradar, gustar).
   You do not attract me (to attract).
   Ìwọ kò wù mi (wù).

7. Eu não gosto de tossir.
   No me gusta toser.
   I do not like to cough.
   Èmi kò fẹ́ wúkọ́.

8. Você não é útil.
   Tú no eres útil.
   You are not useful.
   Ìwọ kò wúlò.

9. Por favor, me empreste o dinheiro.
   Préstame el dinero, por favor.
   Please, lend me the money.
   Ẹ jọ̀wọ́ yà owó fun mi.

10. Eu quero evacuar.
    Yo quiero evacuar.
    I want to evacuate.
    Èmi fẹ̀ lọ yàgbẹ́.

11. Eu não quero escutar a sua piada.
    Yo no quiero escuchar tu chiste.
    I do not like to hear your joke.
    Èmi kọ̀ fẹ́ẹ́ gbọ́ yèyé rẹ.

12. Eu estou satisfeito.
    Yo estoy satisfecho.
    I am already satisfied.
    Èmi yọ̀.

26

Lição Vinte e Seis
Lección Veintiséis
Lesson Twenty Six
Ẹ̀kọ́ Kérindílógbón

Vocabulário	*Vocabulario*	*Vocabulary*	*Iwe Gbẹdẹ̀gbẹ́yọ̀*
Dias da semana	**Días de la semana**	**Days of the week**	
Segunda-feira	Lunes	Monday	Ọjọ́ ajé
Terça-feira	Martes	Tuesday	Ọjọ́ ìsẹ́gun
Quarta-feira	Miércoles	Wednesday	Ọjọ́ rú, ọjọ́rú, ọjọ rìrú
Quita-feira	Jueves	Thursday	Ọjọ́ bọ̀, ọjọ́bọ̀
Sexta-feira	Viernes	Friday	Ọjọ́ ẹtí
Sábado	Sábado	Saturday	Ọjọ́ àbámẹ́ta
Domingo	Domingo	Sunday	Ọjọ́ ìsìmi, ojó àikú
Obs.: Dia	Obs.: Día	Obs.: Day	Ọjọ́
Obs.: Semana	Obs.: Semana	Obs.: Week	Ọ̀sẹ̀
Meses do ano	**Meses del año**	**Months of the year**	
Janeiro	Enero	January	Ṣẹ̀rẹ́
Fevereiro	Febrero	February	Èrèlé
Março	Marzo	March	Ẹ̀rẹ̀nà
Abril	Abril	April	Ìgbé
Maio	Mayo	May	Ẹ̀bìbì

Junho	Junio	June	Òkùdù
Julho	Julio	July	Agẹmọ
Agosto	Agosto	August	Ògún
Setembro	Septiembre	September	Òwewe
Outubro	Octubre	October	Ọ̀wàrà
Novembro	Noviembre	November	Bélú
Dezembro	Diciembre	December	Ọ̀pẹ

Cores	**Colores**	**Colors**	**Àwọ n àwọ**
Branco	Blanco	White	Àwọ funfun
Escuro, negro	Oscuro, negro	Dark, black	Àwọ dúdú
Azul	Azul	Blue	Àwọ ojú ọ̀run, Awọ búlú
Cinza	Gris	Gray	Àwọ eerú
Verde	Verde	Green	Àwọ ewé
Laranja	Naranja	Orange	Àwọ ọsàn òyinbó Àwọsàn
Marrom	Marrón	Brown	Àwọ pako
Vermelho	Rojo	Red	Àwọ púpà, àwọ ẹ̀jẹ̀
Amarelo ou cor de mel	Amarillo o color de miel	Yellow or honey like	Àwọ púpà rúsúrùsú, àwọ oyin
Obs.: Madeira	Obs.: Madera	Obs.: Wood	Pako, igi
Obs.: Folha	Obs.: Hoja	Obs.: Leaf	Ewé
Obs.: Cor	Obs.: Color	Obs.: Color	Àwọ

*Endereços Onde Você Poderá Obter Informações sobre a Língua e Cultura Yorùbá.
Direcciones Donde Usted Puede Obtener Informaciones sobre la Lengua y Cultura Yorùbá
To Get Informations about the Yorùbá Language and Culture. Please, Contact:*

1. **Embaixada da Nigéria**
   Setor Embaixada Norte
   Av. Das Nações, lote 5
   CEP 70459-900 – Brasília – DF – Brasil
   Tels: (55) (0_61) 3208-1701/1702/1712/1717
   Fax: (55) (0_61) 3226-5192/3322-1823
   e-mail: nigeria@persocom.com.br

2. **Centro de Estudos e Pesquisas de Cultura Yorubana (Yorubana)**
   Caixa Postal: 40.095
   CEP 20270-970 – Rio de Janeiro – RJ – Brasil.
   Tels.: (055) (0_21) 3181-6022/3738-6132/(055) (0_21)98168-3274
   e-mail: <yorubana@zipmail.com.br> / <yorubana@globo.com>

Obs.: Realiza cursos periódicos, palestras e conferências sobre Cultura e Religião Yorùbá, no Brasil e no exterior, em espanhol.
Solicite, gratuitamente, catálogo.
Obs.: Realiza cursos periódicos, investigaciones y conferencias sobre la cultura y religión yorùbá en Brasil y en el exterior.

Solicite catálogos grátis. Hablamos español.

Obs.: Regular courses, lectures and conferences about yorùbá culture and religion in Brazil and abroad.

Calatogue free.

3. **Ẹ̀gbẹ́ Awo Ọmọ Aganju Òláṣibọ ati Bàbá ọlọjùgbẹ́**
Tradicional Religião Yorùbá. Culto a Òrìṣà e Ifá.

Consulta com previsão individual para pessoas e empresas por meio de laudo personalizado.

Tratamento especializado através de folhas, frutos, raízes, cascas, essências e óleos essenciais. Crescimento material e espiritual contínuo e progressivo.

Realiza cursos, seminários, palestras, conferências, aceita alunos do Brasil e exterior.

Hablamos español.

Direção do professor Fernandez Portugal Filho (Bàbálòrisá Ṣàngótọla).

Endereço para correspondência:
Caixa Postal 40.095 – CEP 20270-970
Rio de Janeiro – RJ – Brasil.
e-mail: egbeawo@zipmail.com.br

4. **Centro de Estudos Africanos da Universidade de São Paulo**
Av. Prof. Luciano Gualberto, 315/1087 – Cidade Unversitária.
CEP 05508 – 900 – São Paulo – SP
Caixa Postal 2.530
CEP 01060-970 – São Paulo – SP – Brasil
Tel.: 55(0_11) 3091-3744
Telefax: 55(0_11) 3032-9416
e-mail: cea@usp.com.br

5. **Centro de Estudos Afro-Orientais da Universidade Federal da Bahia**
Praça Inocêncio Galvão, 42
Largo Dois de Julho, s/nº
CEP 40060-055 – Salvador – BA – Brasil
Tel.: 55 (0_71) 3283-5509

6. **Fundação Pierre Verger**
2ª Travessa da Ladeira da Vila América, 6
Engenho Velho de Brotas – Vasco da Gama
CEP 40420-340 – Salvador – Bahia – Brasil
Telefax: (55) (0_71) 3203-8400 / 3203-8416

7. **Curso Brasil Nigéria de Língua Yorùbá**
Rua Almirante Ary Rongel, 777, apto. 102
Recreio dos Bandeirantes – Rio de Janeiro – RJ
CEP 22790-430
Tel.: 55(0_21) 2437-4833
e-mail: jbeniste@gmail.com

Museu de Arqueologia e Etnologia
Avenida Professor Almeida Prado, 1466.
Cidade Universitária
São Paulo
CEP 05508-070
Tel.: 55(0_11) 3091-4905

NUPE-UNESP (Núcleo Negro da Unesp)
Alameda Santos, 647, 11º andar
Cerqueira César
São Paulo – SP
Tel.: 55(0_11) 5627-0270

Centro de Estudos Afro-Asiáticos
Rua da Assembléia, nº10 - 7º andar
Centro Rio de Janeiro – RJ
Tel.: 55(0_21) 2233-9039

Museu Afro-Brasileiro
Largo do Terreiro de Jesus, prédio da antiga Faculdade de Medicina da Bahia
Centro Histórico
Salvador – BA
Tel.: 55(0_71) 3283-5540

Casa das Áfricas
Rua Padre Justino, nº60
Vila Pirajussara (Morro do Querosene) – Próximo ao metrô Butantã
São Paulo – SP
Tel.: 55(0 – 11) 3801-1718

Museu Afro-Brasil
Rua Pedro Álvares Cabral, s/nº
Pavilhão Manuel da Nóbrega
Parque do Ibirapuera, portão 10
São Paulo – SP
Tels.: 55(0_11) 5579-8542 / 5579-7716
www.museuafrobrasil.com.br/index_01.asp

No Exterior
Embaixada do Brasil na Nigéria
Setor Cultural
324 Diplomatic Drive Central Business District Abuja – Lagos – Nigéria
Tels.: (00xx234) 803.6590.806
Fax: (00xx234) 803.5350.118

Caribeean Cultural Center
Visual Arts Research and Resource
Center Relating to the Caribeean
120 West 125th Street
New York, N.Y. 10035
Tel.: (00_212) 307-7420

Association of Caribeean Studies
PO. Box 22202
Lexington, KY 40502-2202, USA

Associación Cultural Yorùbá de Cuba
Prado 615 entre Monte y Dragones
Havana – Cuba
Tel.: 53-7-863.5953

African Studies Center
A.S. Center – University of California
Los Angeles, Califórnia
9000243 – USA

"Yorubana, uma Nova e Moderna Perspectiva do Ensino Afro--Brasileiro e Tradicional Religião Yorùbá"

O que é a Yorubana?

Quando esta pergunta nos é formulada, respondemos sempre que somos estudiosos e sacerdotes do Culto aos Òrìṣà com imensa participação na Tradição dos Òrìṣà. Desenvolvemos gradativamente ao longo dos anos um extenso trabalho de pesquisa de campo, voltado em grande parte aos cultuadores dos Òrìṣà, com o propósito de aprofundar as investigações acerca do Candomblé e da Tradicional Religião Yorùbá.

Propósitos Básicos

O Instituto de Cultura Yorùbá, simplesmente conhecido no Brasil pela denominação de **Yorubana**, é uma entidade cultural, filosófica, teológica, cujos principais objetivos são: normatizar, dignificar, salvaguardar, ensinar e preservar a intensa herança cultural religiosa, notadamente de origem Yorùbá, na formação cultural do Brasil.

A quem se destinam os Cursos ministrados na Yorubana?

Nossa maior clientela e nosso público mais fiel são realmente ilustres membros das Comunidades de Terreiros como Bàbálawọ, Bàbálórìṣà, Yalòrìṣà, Ekẹji, Ọgá, etc. Porém, isso não significa que apenas essas pessoas nos procurem.

Nossos cursos estão abertos a todas as pessoas que participam por crença da prática do Candomblé e/ou estejam identificadas com sua importância no contexto cultural de nossos valores e tradições. Portanto, isso não impede que pessoas de todos os níveis culturais e sociais, ou praticantes de distintas religiões, dele participem.

O que pretendemos com nossos cursos?

Conduzir o aluno a uma intensa reflexão sobre a existência dos complexos rituais dos Cultos Afro-Brasileiros, tão praticados em nosso país, porém em alguns momentos tão pouco compreendidos. Pretendemos com isso trazer novos conhecimentos sobre a realidade do Candomblé, sua história e tradição, importante veículo para o desenvolvimento, conhecimento e perpetuação das tradições, facilitando assim o estudo à luz da ciência contemporânea e explicando de forma simples, porém correta, os rituais, dogmas, tabus e injunções da diversificada trama ritual do Candomblé, pertencentes à etnia yorùbá. Desmistificar errôneos conceitos que, embora já consagrados, fazem parte de uma proposta de omissão e dominação. Possibilitar desde o neófito até o pesquisador mais experiente novas teorias que possam ampliar e enriquecer o imenso elenco de informações sobre o culto aos óriṣà.

Tradição

Existimos desde 2 de janeiro de 1977, contando com o apoio e estímulo das embaixadas de vários países africanos: Nigéria, Ghana, Senegal, Gabão e Costa do Marfim. Nosso propósito básico é contribuir com algumas correções, com isso reparando lamentáveis omissões, existentes em nosso arcaico sistema educativo, no que se refere a memória, identidade, cultura, educação e perspectiva dos africanos e seus descendentes em nosso país.

Tal omissão proposital funcionou como endosso à perpetuação de práticas e teorias que visam a inferiorizar os seres de descendência africana.

Foram durante décadas discriminados todos os praticantes dos Cultos Afro-Brasileiros; os terreiros, invadidos; seus dirigentes, presos. Porém, a arbitrariedade cometida não silenciou totalmente os atabaques e ilu bata, e a força dos afrodescendentes se fez sentir presente em toda a nossa vida cultural. Com essa exposição anterior e nossa experiência em ensino, declaramo-nos pioneiros no ensino sistematizado de Cursos de Cultura Religiosa Afro-Brasileira e Tradicional Religião Yorùbá.

"O Ensino Religioso Afro-Brasileiro e Tradicional Religião Yorùbá"

O Ensino Religioso Afro-Brasileiro e da Tradicional Religião Yorùbá é conduzido dentro de moderna pedagogia e didática de ensino dirigido.

DINÂMICA DAS AULAS

Aulas expositivas e práticas utilizando transparências, vídeos, DVDs, trabalhos em grupo, leitura e discussão geral de textos previamente selecionados, de acordo com cada peculiaridade dos cursos. Utilizando os mais modernos recursos audiovisuais, contando cerca de 800 slides em cores e também de vídeos e DVDs, realizados no Brasil, na Nigéria e em Cuba, CDs de cânticos rituais, além de fotografias, cartazes, gravuras, transparências, etc.; enfim, todo material que possa contribuir para o melhor e mais eficiente aprendizado.

Público-alvo:

A grande maioria de nossos cursos são ministrados somente para iniciados no culto aos Òrìṣà; outros não, ensejando assim a oportunidade de qualquer pessoa que não seja praticante dos cultos aos Òrìṣà poder participar. Realizamos também palestras, conferências e cursos em universidades. Nossos cursos contam com apoio de professores yorùbá, como também de entidades no exterior. Nossa experiência é de mais de 28 anos, com mais de cem cursos realizados nas principais capitais brasileiras e no exterior, contabilizando um universo de aproximadamente 3 mil alunos. Todo e qualquer curso no exterior é sempre realizado para um público de no mínimo 20 alunos, os quais são ministrados somente em espanhol, permitindo que o aluno grave as aulas. No Brasil, os cursos para estrangeiros terão apenas os valores acrescidos de tradução.

Quais são os cursos ministrados na Yorubana?

Baseados em intensa pesquisa de campo no Brasil, na Nigéria e em Cuba, além de nossa experiência profissional e de uma bibliografia atualizada, calcada na realidade afro-brasileira e Tradicional Religião Yorùbá, realizamos os seguintes cursos em português ou em espanhol, via CDs.

1. Introdução ao Estudo do Candomblé
2. De Èṣú a Òṣàlà
3. Ajọbọ Òrìṣà Mi (Assentamentos do meu Òrìṣà)

4. Ritual de Iniciação no Candomblé KÉTU
5. Ẹbọri (Bọri) – A Importância do ORI na Cultura Yorùbá – O Sagrado Alimento à Cabeça
6. Cosmogonia Yorùbá
7. A linguagem secreta dos Odù
8. Culto Ẽgungun
9. Íyàmí – O Culto às Mães Feiticeiras
10. Aje, Òrìṣà da Riqueza
11. Adura, Òrìṣà Mi (Rezas do meu Òrìṣà)
12. Abikú, Abiko y Biaṣẹ
13. Magia Yorùbá
14. Como Administrar um Ilé Aṣẹ
15. Magia Afro-Brasileira
16. Candomblé Kètú – Herança Afro-Brasileira
17. Ọlọkun, Senhor de todos os oceanos
18. Òdùdùwá – O Bastão de Ågun
19. Èṣú – Senhor de todos os caminhos

Ministrante dos Cursos:

Professor Fernandez Portugal Filho, professor universitário e doutorando em Antropologia sociocultural pela Universidade de Havana e professor no Proeper (UERJ). Autor de dez livros de cultura afro-brasileira e dez apostilas.

- *Se você desejar, entre em contato telefônico conosco, deixe sua mensagem e telefone, que em seguida retornaremos com ligação a cobrar.*

Caso você deseje receber **gratuitamente** o Catálogo de Publicações de Livros e Apostilas, e o Catálogo de Cursos, nosso contato é:

YORUBANA
CAIXA POSTAL 40.095
CEP 20270-970 – RJ – BRASIL
e-mails: <yorubana@zipmail.com.br yorubana@globo.com>
Tels.: 55 (0_21) 3181-6022
3738-6132,
98168-3274
RJ – BRASIL

Saudaçòes Yorùbá de Fernandez Portugal Filho – Diretor de Ensino e Pesquisa
"Yorubana, una Nueva y Moderna Perspectiva de la Enseñanza Afro-Brasileña y Tradicional Religión Yoruba"

¿Qué es la Yorubana?
Cuando nos hacen esta pregunta, respondemos siempre que somos estudiosos y sacerdotes del culto a los *Orixá,* con intensa participación en su tradición. Desarrollarnos gradualmente durante varios años un amplio trabajo de investigación de campo, orientados principalmente a los seguidores de los Orixá, con el propósito de profundizar las investigaciones acerca del *Candomblé* y de la *Tradicional Religión Yoruba.*

Propósitos Básicos
El **Instituto de Cultura Yoruba**, simplemente conocido en Brasil por la denominación de **Yorubana,** es una entidad cultural, filosófica, teológica cuyos principales objetivos son: dictar norma, dignificar, salvaguardar, enseriar y preservar la intensa herencia cultural religiosa, mayoritariamente de origen Yoruba en la formación cultural de Brasil.

¿A quién se destinan los cursos ofrecidos en el Yorubana?
Nuestros mayores frecuentadores y nuestro público más fiel son realmente ilustres miembros de las Comunidades de Terreros (locales de práctica llamados así por tener el suelo de tierra) como Bàbálawọ, Bàbálórìṣà, Yalòrìṣà, Ekẹji, Ogã, etc. Pero eso no significa que solamente estas personas nos busquen.

Nuestros cursos están abiertos a todas las personas que participan por creencia de la práctica del Candomblé y/o estén identificados con su importancia en el contexto cultural de nuestros valores y tradiciones.

Por lo tanto, esto no impide que personas de todos los niveles culturales y sociales o practicantes de distintas religiones participen.

¿Qué pretendemos con nuestros cursos?
Conducir el alumno a una intensa reflexión sobre la existencia de los complexos rituales de los **Cultos Afro-Brasileños,** tan practicados en nuestro país y en algunos momentos tan poco comprendidos. Pretendemos con eso traer nuevos conocimientos sobre la realidad del Candomblé, su historia y tradición, importantes vehículo para el desarrollo, conocimiento y perpetuación de las tradiciones, facilitando así el estudio a la luz de la ciencia contemporánea, explicando de forma simples, pero correcta, los rituales, dogmas, tabúes y entredichos de la diversificada trama ritual de Candomblé, pertenecientes a etnia Yoruba. Desmitificar erróneos conceptos que además ya están consagrados y hacen parte de una propuesta de omisión y dominación. Posibilitando desde al neófito hasta el investigador más experimentado conocer nuevas teorías que puedan ampliar y enriquecer el gigantesco elenco de informaciones sobre el culto a los *Orixá.*

Tradición

Existimos desde 2 de enero de 1977, contando con el apoyo y el estímulo de las embajadas de varios países africanos: Nigeria, Gana, Senegal, Gabón y Costa del Marfil. Nuestro propósito básico es contribuir con algunas correcciones, reparando con eso lamentables omisiones, existentes en nuestro arcaico sistema educativo, en lo que se refiere a la memoria, identidad, cultura, educación y perspectiva de los africanos y sus descendientes en nuestro país.

Tal pretendida omisión funcionó como endoso a la perpetuación de prácticas y teorías que pretenden menospreciar los seres de descendencia africana.

Fueran durante décadas discriminados todos los participantes de los Cultos Afro-Brasileños, los terreros invadidos, sus dirigentes presos. Pero, la arbitrariedad cometida no silenció totalmente los *atabaques* e *ilúBata,* y la fuerza de los afros descendientes marcó presencia en toda nuestra vida cultural. Con esa exposición anterior y nuestra experiencia en educación, nos declaramos pioneros en la enseñanza sistematizada de **Cursos de Cultura Religiosa Afro-Brasileña y Tradicional Religión Yoruba.**

"La Enseñaza Religiosa Afro-Brasileña y Tradicional Religión Yoruba"

La Enseñanza Religiosa Afro-Brasileña y de la Tradicional Religión Yoruba es conducida dentro de moderna pedagogía y didáctica de enseño dirigido.

DINÁMICA DE LAS CLASES:

Clases expositivas y prácticas utilizando transparencias, vídeos, dvd's, trabajos en grupo, lectura y discusión general de textos previamente seleccionados, de acuerdo con cada particularidad de los cursos. Utilizando los más modernos recursos audiovisuales, contando casi con ochocientas "diapositivas" en colores y también de videos y dvd's, realizados en Brasil, en Nigeria y en Cuba, cd's de cánticos rituales, además fotografías, carteles, figuras, transparencias, etc., en fin, todo material que pueda contribuir para el mejor y más eficiente aprendizaje.

Público Objeto:

La gran mayoría de nuestros cursos son ofrecidos solamente para iniciados en el culto a los Orixá; otros no, dando así la oportunidad de cualquier persona que no sea practicante del culto a los Orixá de participar. Realizamos también palestras, conferencias y cursos en universidades.

Nuestros cursos cuentan con el apoyo de profesores Yoruba, como también de entidades en el exterior. Nuestra experiencia es de más de 28 años, con más de cien cursos realizados en las principales capitales brasileñas y en el exterior, contabilizando un universo de aproximadamente 3 mil alumnos.

Todo y cualquier curso en el exterior es siempre realizado para un publico con un mínimo de 20 alumnos, todos los cursos en el exterior son dados apenas en español, permitiendo al alumno grabar sus clases. En Brasil, los cursos para extranjeros tendrán solamente los valores gastos con traducción.

¿Cuáles son los cursos ministrados en la Yorubana?

Con base en intensa investigación de campo en Brasil, en Nigeria y en Cuba, además de nuestra experiencia profesional y de una bibliografía actualizada, fundamentada en la realidad afro-brasileña y Tradicional Religión Yoruba, realizamos los siguientes cursos en portugués o en español, vía cd's.

1. Introducción al Estudio del Candomblé
2. De Exú a Òxalá
3. Ajọbọ Òrìṣà Mi (Asentamientos de mi Òrìṣà)
4. Ritual de Iniciación en el Candomblé KÉTU
5. Ẹbọri (Bọri) – La Importancia del ORI en la Cultura Yorùbá – El Sagrado Alimento a la Cabeza
6. Cosmogonía Yorùbá
7. El lenguaje Secreto de los Odú
8. Culto Àgungun
9. Ìyámí – El Culto a las Madres Hechiceras
10. Aje, Òrìṣà de la Riqueza
11. Adura, Òrìṣà. Mi (Rezas de mi Orixá)
12. Abikú, Abiko y Biaṣẹ
13. Magía Yorùbá
14. Como Administrar un Ilé Aṣẹ
15. Magía Afro-Brasileña
16. Candomblé Kétú – Herencia Afro-Brasileña
17. Ọlôkuri, Señor de todos los oceanos
18. Ódúdúwá — El Bastón de Ẽgun
19. Éṣú – Señor de todos los caminos

Ministrante de los Cursos:

Profesor Fernandez Portugal Filho, profesor universitario y doctorando en Antropología Socio-Cultural, por la Universidad de Habana. Autor de diez libros de Cultura Afro-Brasileña, y diez apostillados.

Si usted desear, entre en contacto telefónico con nosotros, deje su mensaje y teléfono, que en seguida entraremos en contacto (con llamada a cobrar).

Caso usted desee recibir gratuitamente el Catálogo de Publicaciones de Libros y Folletos, y el Catálogo de Cursos, nuestro contacto es:

YORUBANA
CAIXA POSTAL 40.095 – CEP 20270-970 – RJ – BRASIL
e-mails: <yorubana@zipmail.com.br; yorubana@globo.com>
Tels.: 55 (0_21) 3181-6022
3738-6132
98168-3274
RJ – BRASIL
Saludos Yorùbá de Fernandez Portugal Filho
Director de Enseñanza y Estudios
"Yorubana, a New and Modern Perspective on Afro-Brazilian Teaching and on Yorùbá Traditional Religion"
What is Yorubana?

Whenever we are asked this question, we always answer that we are scholars and priests of the Worship to Òrìṣà, with intense participation in the Òrìṣà tradition. Throughout the years, we have gradually developed a broad field work and research centered mainly on Òrìṣà worshippers. Our purpose is to deepen the investigations on Candomblé and Yoruba Traditional Religion.

Basic Purposes

The Yoruba Institute of Culture, known in Brazil simply by the designation *Yorubana,* is a cultural, philosophical, and theological institution whose main objectives are: to standardize, safeguard, teach and preserve the intense cultural and religious heritage, mostly from Yorùbá origins in Brazil's cultural formation.

Who is the target audience for the Yorubana courses?

Most of our students and our most loyal audience are indeed honorable members of the Terreiros ("Egbe", in the Yoruba language) Communities such as Bàbálawọs, Bàbálóriṣà, Yalòriṣà, Ekẹji, Ogã, and so on. However, our audience is not restricted to these people.

Our courses are open to all those who want to take part because they believe in the religious practice of Candomble and/or identify themselves with its importance in the cultural and social levels and from any religious background are allowed to participate.

What we intend with our courses

To lead the student through an intense reflection on the existence of complex Afro-Brazilian Whorship rituals, which are much practiced in Brazil, and however, at times, not completely understood. Therefore, we intend to bring new understanding on the reality of candomble, its history and tradition as an important vehicle for the development, knowledge and perpetuation of its traditions. This will make it easier to study candomble in the light of contemporaneous science, explaining in a simple, yet correct way the rituals, dogmas, taboos and injunctions of Candomble's diversified ritual plot, which belong to the Yoruba ethnic group. To debunk erroneous concepts which, althought accepted, make part of a proposal for omission and domination. This will allow both the beginner and the most experienced researcher to be in touch with new theories that may broaden and enrich the vast amount of information on Orisa's whorship.

Tradition

Our group came into existence on January 2nd, 1977, being supported and encouraged by several African countries' embassies, such as Nigeria, Ghana, Senegal, Gabon and Ivory Coast. Our basic purpose is to contribute with some corrections, thus repairing regrettable omissions existing in our archaic educational system concerning African's memory, identify, culture, education and perspective, as well as their descendants' in Brazil.

Such purposeful omission has worked as an endorsement for the perpetuation of practices and theories aiming to debase African descendants.

During decades, all those who practiced Afro-Brazilian Whorshipping were discriminated, their *Egbe* were invaded, their leaders were arrested. However, these arbitrary acts did not hush completely the conga drums, and the Ilu Bata, ant the strength of Afro-Descendants could be felt in every bit of our cultural life. With the exposition presented above and with our experience in teaching, we assert ourselves as pioneers in the systematical teaching of Courses on Afro-Brazilian Religious Culture and Yoruba Traditional Religion.

"The Afro-Brazilian and Yoruba Traditional Religious Teaching"

The Afro-Brazilian and Yoruba Traditional Religious Teaching is done within the scope of modern pedagogy and didactics in directed teaching.

CLASS DYNAMICS:

Expositive and practical classes using overhead projector, videotapes, DVDs, group tasks, reading and discussion of selected texts, according to the peculiarities of each course. Using the most advanced media, with around 800 color slides and also videotapes and DVDs made in Brazil, Nigeria and Cuba, CDs with ritual singing and photographs, posters, pictures, etc., in sum: all the material that can contribute for a better and more efficient learning.

Intended Audience:

Most of our courses are offered only for those who have been initiated in the Whorship of the Òrìṣà; but other courses are open, therefore offering the opportunity for any person to participate. We also organize lectures, conferences and courses at universities. Our courses are backed up the Yoruba masters, as well as by foreign institutions. We have more than 28 years of experience; having offered more than a hundred courses in the most important Brazilian capitals and abroad, totalizing a universe of approximately three thousand students.

Every course abroad is always organized for an audience of at least 20 students, and they are taught only in spanish; the students are allowed to record the classes. In Brazil, the courses for foreigners will have the additional cost of translation included.

What are the courses offered at Yorubana?

Based on deep field research in Brazil, Nigeria and Cuba, besides our professional experience and an up-to-date literature related to Afro--Brazilian Reality and Yoruba Traditional Religion, we have offered the following courses in portuguese or in spanish, through CDs:

1. Introduction to the Study of Candomblé
2. From Èṣú to Òṣàlà.
3. Ajọbọ Òrìṣà Mi (Records from my Òrìṣà)
4. Initiation Ritual in Candomble KÈTÙ
5. Ẹbọri (Bọri) – The Importance of ORI in Yoruba Culture. The Mind's Sacred Food Yorùbá Cosmogony
6. The Secret Language of the Ódù
7. Ẽgungun Worship
8. Íyàmí – The Worship of Sorceress Mothers

9. Aje, Wealth Òrìṣà
10. Adura, Òrìṣà Mi (Prayers of my Òrìṣà)
11. Abikú, Abiko y Biaṣẹ
12. Yorùbá Magic
13. How to Manage a Ilé Aṣẹ
14. Afro-Brazilian Magic
15. Candomblé Kètú – Afro-Brasilian Heritage
16. Ọlọkun, Lord od oceans
17. Òdùdùwá – The Rod of Ẽgun
18. Èṣú – Lord of all the paths.

The Courses are Ministred by:
Professor Fernandez Portugal Filho, university profesor, Phd student in Social Cultural Anthropology at the University of Havana and professor in Proper (UERJ). Author of ten books os Afro-Brazilian culture and ten booklets.

- If you wish to call us by telephone, please leave your message and your phone number, and we'll make you a collect call.

If you wish to receive fro free the Catalogue with all the books and booklets published, and the Courses Catalogue, please write to:
YORUBANA
CAIXA POSTAL 40.095RJ – CEP 20270-970 – RJ – BRASIL
<wyorubana@globo.com>
Phone: (+55 21) 3181-6022
3738-6132
98168-3274
RJ – BRASIL
Yoruba Greetings from Fernandez Portugal Filho
Teaching and Research Director

Nota do Editor

A Madras Editora não participa, endossa ou tem qualquer autoridade ou responsabilidade no que diz respeito a transações particulares de negócio entre o autor e o público.

Quaisquer referências de internet contidas neste trabalho são as atuais, no momento de sua publicação, mas o editor não pode garantir que a localização específica será mantida.

Bibliografia
Bibliografía
Bibliography

ABRAHAM, R. C.: *Dictionary of Modern Yorùbá*. Londres: University of London Press., 1973. (Contém desenhos de plantas, animais e objetos de culto nas p. 715 e 716.)

_____. *Dictionary of Modern Yorùbá*. Great Britain: Fourth Impression, 1976.

ADÈSỌJI, Michel Adèmọla. *Nigéria, História – Costumes – Cultura do povo Yorùbá e a origem de seus Orixás*: Rio de Janeiro, Edição do autor, 1990.

ANGENET, Jean Pierre, *et. allii*. *Répértoire des vocables brésiliens d'origine africaine*. Lubumbashi: Centre de Linguistique Téorique et Appliquée, Université Nationale Du Zaire, Faculté des lettres, 1974.

_____. *Aspectos da Cultura da Nigéria* Série 2, Publicidade Externa, s.d.

ÀYÉMI, K. Ajíbọla; COSTA, J. Heitor da. *Noções de Yorùbá*. São Paulo, 1978 (mimeografado).

AYI, Ọlabíyí Bàbálọlá. *Aspectos particulares da influência das culturas nigerianas no Brasil em literatura, folclore e linguagem*. Brasília: Cultura, 6 (23) 94-100, out. /dez. 1976.

BASCON, William. *The Yorùbá of Southywestern Nigeria*. U.S.A.: Waveland Press, Inc., 1974.

BEIER, Ulli. *Yorùbà Myths*. Cambridge University Press, 1980.

BUARQUE de Holanda, Aurélio Ferreira. *Novo Dicionário da Língua Portuguesa*. Editora Nova Fronteira S/A, 1ª edição, 14ª impressão.

BUENO, Francisco da Silveira. *Dicionário Escolar da Língua Portuguesa*. Rio de Janeiro, Ministério da Educação e Cultura, 11ª edição, 1981.

CABRERA, Lydia. *ANAGÓ. Vocabulário Lukumi: El yorùbá que se habla en Cuba*, Ediciones Universal (2ªedição), Miami.

CARMO PÓVOAS, Rui do. *A linguagem do candomblé*. Rio de Janeiro: José Olympio, 1989.

CASTRO, Yeda Pessoa de. *A sobrevivência na língua popular da Bahia*. Salvador: Afro-Ásia, 4-5:25-34, 1967.

_____. *Culturas africanas nas Américas: um esboço de pesquisa conjunta da localização dos empréstimos*. Salvador: Afro-Ásia, 13:27-51, 1980.

_____. *Etnônimos africanos e forma correntes no Brasil*. Salvador: Afro-Ásia, 6-7: 5-6, jun./dez. 1968.

_____. *Intégration des apports africains dans les parlers de Bahia, au Brésil,* Tese de Doutorado apresentada na Universidade do Zaire, 1976, 2 vols.

_____. *Religious Terminology and Every Day Speech Vocabulary of Afro-Brazilian Cult Group*. Ille Ifé: Institute of Africain Studies, University of Ifé, s.d.

_____. *Terminologia religiosa e falar cotidiano de um grupo de culto afro-brasileiro*. Dissertação de Mestrado apresentada na Universidade Federal da Bahia, 1971.

_____; CASTRO, Guilherme A. de Sousa. *The African Cultures in the Americas: Introduction to Joint Research on the Location of Loan-Words*. Publicação oficial do governo brasileiro ao FESTAC 77 (Colóquio Civilização Negra, Ciência e Tecnologia), janeiro, 1977.

Centro de Cultura anglo-americana: Ensino da Língua Inglesa. Rio de Janeiro, s.d.

Dicionário da Língua Portuguesa. São Paulo, SP, 1952.

Dictionary of the Yorùbá Language. Oxford University Press, London-Ibadan, 1976.

DIXSON, Roberto J. *Exercises in English*. Book 1. New York, 1985.

Ẹgba Chieftaincy Handbook, publicado por Àláyndé Publishing Company, Lagos, Nigeria, s.d.

EKINI, Iwe. *Li Ede Yorùbá*. Lagos, Nigéria: C.S.S. Bookshop.

EADES, J.S. *The Yorùbá Today*. Cambridge University Press, 1980.

FÁGÚNWÁ, D. O. *Ogbòjú Odè Igbò lrún,àlè,* Thomas son Nigéria Ltda., 1975. ẸNI, Olórun pa. Ministry of Education (General Publications Section), Ìbàdàn, 1964.

FISHER, Isabel; DIXSON, Robert J. *Beginning Lesson in English,* New York, 1983.
FONSECA JUNIOR, Eduardo. *Dicionário Yorùbá (Nagô).* Rio de Janeiro: Civilização Brasileira, 1988.
GARCIA, Rodolfo. "Vocabulário nagô", in *Congresso Afro-Brasileiro, I.* Col., Estudos Afro-Brasileiros, Rio de Janeiro: Ed. Ariel, 1935.
GAYE, J. A. de, F.L.S., W. S. Beecroft. *Yorùbá Grammar.* 6ª impressão, London, 1964.
História sucinta da República Federal da Nigéria, Série 1, Publicidade Externa, s.d., Nova York.
IDOWÚ, Gideon Bàbálọ́lá. *Uma abordagem moderna ao yorùbá (nagô).* Porto Alegre: Ed. Palmarinca, 1990.
Industrial Policy of Nigeria, publicado por Federal Ministry of Industries Federal Secretariete, Lagos, Nigeria, s.d.
Informações Básicas sobre a Nigéria. Centro de Informações e Cultura da Nigéria, RJ. Companhia Brasileira de Artes Gráficas.
JONSON, Rev. S. *The History of the Yorùbá, C.S.* Lagos: Bocok. Shop, 1921.
KỌ́MỌLỌ̀FẸ́, Benjy Durojàyé Aindé Kayọdé. *Yorùbá, 1º* volume. Rio de Janeiro, s.d. *(Apostila)*
LAITIN D., David. *Hegemony and Culture.* The University of Chicago Press, 1986.
LAṢEBIKAN, E.L. *Learning Yorùbá.* London: Oxford University Press, 1958.
LOCO, Acácio. *O Espanhol tal qual se fala.* Porto, Portugal: Clássica Editora, 1991.
MENDONÇA, Renato de. *A influência africana no português do Brasil.* São Paulo: Cia. Ed. Nacional, 1935.
Nigeria-A Handy Guide to the Federal Republic, publicado por Chaneta Internacional, New York, 1992.
ODÙJÍNRÌN, J. S. A. Modern Lesson in *Yorùbá,* Part 1 (elementary), Filmeset and Printed by Academy Press. Ltda., Lagos, 1974.
ỌDÙNJỌ, J. F. *Ìwé-Kíní, Àláwíyé* (fún àwọn ọmọdé). Nigéria.
_____. *Ìwé-Kéji, Àláwíyé* (fún àwọn ọmọdé). Nigéria.
_____. *Ìwé-Kímí Àláwíyé.* London: Longman, Grem and Co., 1956.
_____. *Ìwé-Kéjì Àláwíyé,* London: Longman, Grem and Co., 1956.
O Globo, 4 de dezembro de 1990, "Curso de língua africana ensina falar dialeto". R J.

ÒGÚNBỌWÁLÉ, P. O.: *Àṣà Ibiilè Yorùbá* Oxford University Press.
ÒGÚNBỌWÁLÉ, P. P. *Eni olórun kò pa*. Ìbàdàn, 1964.
ỌLA JÚMÓKÈ, Rémi. *The Spring of a Monarck*. Lagos, Nigéria, 1990.
OWÓLÁBÍ, Michel Kayọdé. *Yorùbá, a língua de axé*, 1ª edição, Rio de Janeiro, 1988 (mimeografado).
PARRINDER, Geofrey. *La Religion em Afrique Occidentale*, Pauon, 1950, Professor da Universidade de Ìbàdàn, Nigéria.
PORTUGAL, Fernandez. *Yorùbá, a língua dos Orixás*, prefácio prof. Agenor Miranda Rocha. Rio de Janeiro: Pallas, 1985, 5ª edição.

_____.*Vamos falar Yorùbá?* Centro de Estudos e Pesquisas Yorubana, Rio de Janeiro, 1988, Apostila.

_____, BENJI DUROJÀIYÉ KAYỌDÉ KỌMỌLAFẸ́. *Curso da Língua Yorùbá*. Editado pelo Centro de Estudos de Cultura Yorubana, Rio de Janeiro, 1978. (esgotado)
ROWLANDES, E. C. *Yorùbá*. New York: Teach Yourself Books, 1985.
SANTOS, Deoscóredes Maximiliano dos (Mestre Didi): *Yorùbá, tal qual se fala*. Salvador: 1959.

_____. *Porque Oxalá usa Ikodidẹ́*. Salvador: Ed. Cavaleiro da Lua, 1967.
SANTOS, Juana Elbein. *Os Nàgó e a morte*. Vozes: Petrópolis, 1977.
SILVA, Edson Nunes da. *Introdução ao estudo gramatical de língua Yorùbá*, Salvador, Livraria Progresso Editora (edição conjunta com a Universidade Federal da Bahia), 1958.

_____. *Estrutura do Pensamento Afro-Brasileiro*. Prefeitura Municipal de Salvador, Secretaria Municipal de Cultura, Bahia, 1975.
SILVA, Ornato José da; BENJI DUROJÀIYÉ KỌMỌLAFÉ. *A linguagem correta dos Òrìṣà*. Oxalá Artes Gráficas, 1978, 1ª e 2ª edições, Inforbral, 1989.
SMITH, Robert. *Kingdoms of the Yorùbá*, 3ª edição. London, 1988.
SOWANDES, Rev. E. J. et. allii. *Dictionary of the Yorùbá*. Oxford London-Ibadan: University Press, 1ª edição, 1911. (Contém pequena relação de plantas e árvores).
VERGER, Pierre Fatumbi. *Lenda dos Orixás*. Salvador: Ed. Corrupio, 1985.

_____. *Orixás*. Salvador: Ed. Corrupio, 1985.

_____. *Oxosse*. Salvador: Ed. Corrupio, 1982.
Welcome to Nigeria, publicado por Nigerian Tourism Development Corporation, Lagos, Nigeria, s/d.

MADRAS® Editora
CADASTRO/MALA DIRETA

Envie este cadastro preenchido e passará a receber informações dos nossos lançamentos, nas áreas que determinar.

Nome _____
RG _____ CPF _____
Endereço Residencial _____
Bairro _____ Cidade _____ Estado ____
CEP _____ Fone _____
E-mail _____
Sexo ❏ Fem. ❏ Masc.   Nascimento _____
Profissão _____ Escolaridade (Nível/Curso) _____

Você compra livros:
❏ livrarias   ❏ feiras   ❏ telefone   ❏ Sedex livro (reembolso postal mais rápido)
❏ outros: _____

Quais os tipos de literatura que você lê:
❏ Jurídicos   ❏ Pedagogia   ❏ Business   ❏ Romances/espíritas
❏ Esoterismo   ❏ Psicologia ❏ Saúde   ❏ Espíritas/doutrinas
❏ Bruxaria   ❏ Autoajuda   ❏ Maçonaria ❏ Outros:

Qual a sua opinião a respeito desta obra? _____
_____

Indique amigos que gostariam de receber MALA DIRETA:
Nome _____
Endereço Residencial _____
Bairro _____ Cidade _____ CEP _____

Nome do livro adquirido: *Guia Prático da Língua Yorùbá*

Para receber catálogos, lista de preços e outras informações, escreva para:

MADRAS EDITORA LTDA.
Rua Paulo Gonçalves, 88 – Santana – 02403-020 – São Paulo/SP
Caixa Postal 12183 – CEP 02013-970 – SP
Tel.: (11) 2281-5555 – Fax.:(11) 2959-3090
www.madras.com.br

MADRAS® *Editora*

Para mais informações sobre a Madras Editora,
sua história no mercado editorial
e seu catálogo de títulos publicados:

Entre e cadastre-se no site:

www.madras.com.br

Para mensagens, parcerias, sugestões e dúvidas, mande-nos um e-mail:

marketing@madras.com.br

SAIBA MAIS

Saiba mais sobre nossos lançamentos,
autores e eventos seguindo-nos no facebook e twitter:

@madrased

/madraseditora